P. W. Forchhammer

Aristoteles und die exoterischen Reden

P. W. Forchhammer

Aristoteles und die exoterischen Reden

ISBN/EAN: 9783743316850

Hergestellt in Europa, USA, Kanada, Australien, Japan

Cover: Foto ©Thomas Meinert / pixelio.de

Manufactured and distributed by brebook publishing software (www.brebook.com)

P. W. Forchhammer

Aristoteles und die exoterischen Reden

ARISTOTELES

UND DIE

EXOTERISCHEN REDEN.

AN AD. TRENDELENBURG

VON

P. W. FORCHHAMMER.

KIEL.
ERNST HOMANN.
1864.

Lieber Trendelenburg.

Auf dem Gymnasium hatten wir einen Lehrer, der sich in dem Gedanken gefiel, wir seien heute auf demjenigen Standpunkt geistiger Entwickelung oder vielmehr geistigen Verfalls, den man in Beziehung auf das Alterthum durch den Namen des Alexandrinischen Zeitalters charakterisirt. In allen wesentlichen Zweigen der Wissenschaft und Kunst, und selbst in seiner ethischen Würdigkeit und politischen Befähigung habe Europa und namentlich Deutschland den Höhenpunkt erreicht. Grammatik und Lexica, allenfalls Mathematik und Technik, das seien die Dinge worin unsere Zeit sich auszeichne. So sei es aber auch nach der Einrichtung der Welt nothwendig, und darum sei auch nichts daran zu ändern.

Mir wollte die Rede durchaus nicht gefallen. Dass es so sei, vermochte ich freilich nicht zu widerlegen, allein dass es so sein müsse, dass nichts daran zu ändern sei, gab ich in meinem stillen Sinn nicht zu, vielmehr sträubte ich mich dagegen auf das Entschiedenste. Kein Gedanke hat mich seitdem so begleitet, ich möchte sagen so verfolgt, und ist von mir so als ein Feind behandelt, wie dieser. Mein alter Lehrer war längst aus dieser grammatischen Zeit geschieden; ich hatte meine Studien auf der Universität vollendet, sah vieler Menschen Städte und lernte ihren Sinn kennen, und immer wieder kam mir die Erinnerung an jene Behauptung, oft mit stärkeren Beweisen, als jener angeführt, wie die eigene Erfahrung schwerer zu verneinen ist, als die fremde. Ueberall umsummte mich das „Alexandrinische Zeitalter" mit allem Kleinlichen und Unwahren, welches im Gefolge des „Verfalls" zu sein pflegt.

Wer nun das „quisque praesumitur bonus" nicht als ein Princip sich angeeignet, sondern blos nach einer angebornen Neigung ohne irgend ein eigenes Verdienst, und trotz widersprechender Erfahrung immer wieder, als wär's ein Fehler, darin zurückfällt, dem möchte es ähnlich ergangen sein, wie mir. Wenn auch Jahr nach Jahr Erfahrung lehrte und Praxis, so wuchs ich doch, wie ein Freund mir vorzuwerfen pflegte, aus jener naiven Auffassung nicht heraus, die nach seiner Meinung nicht lange über die Mündigkeit hinaus dauern dürfe.

So kam es, dass ich auf meinen Wanderungen, wenn auch oft den Satz meines Lehrers bestätigt und mich von meinem Feind, der mich in das Alexandrinische Zeitalter versetzen wollte, besiegt glaubte, doch immer mit meinem Widerstreben augenblicklich wieder aufstand und von Neuem gegen ihn an ging. Hätte ich nun eine Autobiographie zu schreiben, so könnte ich vieles erzählen von grossen Männern, die klein geworden, und hochgestellten, die niedrig waren War ich doch zugegen gewesen, als ein neuer Staat gemacht, und alte Staaten in neue verwandelt wurden. Je weniger mir einer bekannt war, je höher stehend in Würden und Amt als

Staatsbürger, desto besser und weiser erschien mir der Mann. Ich glaubte es so von den alten Hellenen gelernt zu haben. Und doch, wie oft war in wenigen Monaten, ja in wenigen Tagen Weisheit und Gutsein dahin. Also, dass „der gute Mann und der gute Staatsbürger derselbe sei" galt nicht einmal von den Hochgestellten. Capodistrias schrieb einmal an Herrn von Stein: „ich fürchte, wir Diplomaten sind nicht gute Menschen." Was daran Wahres sei, bleibe Andern anheim gegeben. Bei den Griechen gehörte zum gut sein auch kundig und weise sein; ohne die Tugend des Verstandes war die übrige Tugend keine. Aristoteles würde sich daher anders ausdrücken. Er würde sagen, nicht ich fürchte, sondern ich sehe, dass die Staatsmänner, welche im Kleinen und Grossen die Staaten regieren, diese Archonten der menschlichen Gesellschaft, welche im Besitz des regierenden Logos zu den ethischen Tugenden der Regierten sein sollten, sehr oft recht unkundig und unweise sind. Ueber jeden Act der Regierenden findet sich in seinem Werk ein Urtheil, welches nur zu oft eine Verurtheilung ist. Wenn das Wahre und Rechte sagen gleichbedeutend ist mit Hass und Verachtung gegen die Regierung erregen, dann schwebte dieser praktische Lehrer der erhabensten Ansichten, wenn er heute lebte, fortwährend zwischen Anklage und Verwarnung. Denn er hat weder wie Schiller seinen besten Staat auf „wenige auserlesene Cirkel" beschränkt, noch wie Fichte ihn auf „Myriaden Jahre" hinausgeschoben.

Während ich so scheinbar den Pessimisten das Wort redete, trat ein solcher vom schlimmsten Schlage zu mir in's Zimmer, einer von jenen Heulern mit scharfem Verstand und unverkennbarer Blindheit.

Er hatte aus Lasaulx interessanter Schrift über die Geologie der Griechen und Römer folgende Stelle aus dem Cyprianus aufgegabelt, welche er nun, bei allen seinen Freunden umherrennend, mit grosser Selbstbefriedigung ihnen vorsetzte: „Du sollst vor allem wissen, sagt Cyprianus, dass die Welt gealtert ist, und nicht mehr die Kräfte besitzt wie vormals. Die Welt selbst bezeugt in so vielen Zeichen der Hinfälligkeit ihren nahen Untergang. Im Winter fehlt es an Regen, im Sommer an der nöthigen Wärme; selbst die Berge sind erschöpft, man gräbt weniger Marmor, weniger Gold und Silber, die Metalladern sind wie versiegt. Alles verschlimmert sich, Ackerbau, Schiffahrt, die Redlichkeit der Gerichte, Freundschaft, Wissenschaft, Kunst, Sitten. Alles was seinem Ende nahe ist, nimmt ja ab. Das ist ein göttliches Naturgesetz, dass alles, was entstanden ist, wieder vergeht, dass starke Dinge schwach, grosse klein werden und endlich ganz aufhören."

Dass Cyprianus schon im Jahr 258 den Märtyrertod erlitten, dass von dem Meisten, worüber er klagt, heute das Gegentheil wahr ist, bemerkte der Gute gar nicht. Es hinderte ihn daher nichts auf Grund jenes „Orakels" fortzufahren: Mit der Deutschen, mit der Europäischen Bildung sei es jetzt am Ende; wenn auch die Welt nicht untergehe, so sei doch das Vorhandene alt und lebensunfähig, es sei kein Glaube mehr in der Welt ausser jenem von den Regierenden für brauchbar erkannten und von gewissen Kreisen „protegirten"; es gebe keine Moral mehr, am wenigsten im öffentlichen Leben, Rohheit und Ungeschliffenheit gelte für Charakter, wirkliche Charactere seien verdächtig, nicht einmal die Pflicht der Dankbarkeit vermöge vor dem Reiz des Verläumdens zu bewahren, und die sophistische Nichtswürdigkeit, mit beliebiger Ausdeutung des formalen Rechts das grösste Unrecht, πρὸς τὸ ἴδιον συμφέρον, zu rechtfertigen, wachse mehr und mehr zu einer abschreckenden Virtuosität. Es könne auch nicht anders sein. Wenn ein Volk culminirt habe, gehe es moralisch und intellectuell zu Ende. Philosophie und Poesie, Wissenschaft und Kunst hätten in Deutschland ihre Höhe erreicht. Was denn nach Schiller und Göthe, nach Kant und Hegel noch zu erwarten sei? In staatlicher Beziehung sei vollends alles aus. Wie denn ein vernünftiger Mensch glauben werde, dass aus dem zerfahrenen Deutschland noch eine Einheit werden könne? Zerspalten durch Katholicismus und Protestantismus, durch Zollverein und Handelsfreiheit, durch Preussenthum, Bayernthum, Bückeburgthum, durch österreichische Sympathien und Anthipathien büsse es neben der Einheit auch mehr und mehr das Bischen Freiheit ein, die dem Bestehen der trennenden Elemente gefährlich und daher nicht zu dulden sei.

So jener. Ist es denn wahr, dass Europa oder dass Deutschland in irgend einem Wesentlichen seiner Bildung die Höhe erreicht habe, von der es nur ein Herabsteigen gebe? Diese Culminationstheorie in ihrer Anwendung auf Deutschland beruht auf Unwissenheit und Kleinmuth, zum Theil sogar auf einem sehr absurden Dünkel. Wir meinen nur zu leicht in allem Grossen, das ein Volk leisten kann, es schon recht weit gebracht zu haben. Und wenn wir uns nun mit andern Völkern, solchen, die wir kennen, wenn wir uns mit den Griechen vergleichen, sind wir da berechtigt zu sagen: wie jene in dem, wozu sie den Keim in sich trugen, zu einer vollständigen Entwickelung gelangt sind, so seien es auch die Deutschen? Jetzt sei daher auch für sie die Zeit da, sich mit materiellem Fortschritt zu genügen, im Uebrigen sich auf das Hinabsteigen zu rüsten?

Ganz zu Grunde gegangen sind unter den uns bekannten Culturvölkern wohl nur wenige und an Ausdehnung geringe; in andere grössere, mächtigere, geistig höhere übergegangen sind viele. Ein Beispiel einer durch Verjüngung neu beginnenden Entwickelung desselben Volks sehen wir in ihren Anfängen in dem heutigen Griechenland. Eine solche Verjüngung wird hauptsächlich auf zwei Wegen geschehen, entweder durch Einwanderung und Vermischung mit einem andern Stamm, oder durch den Einfluss einer neuen mit den Geistern sich vermischenden Cultur. Offenbar ist die letztere Art der Verjüngung die höhere, die des menschlichen Geistes würdigere, erfreuliche. Diese Verjüngung hat die Deutsche Nation zweimal erfahren. Zuerst durch die Einführung des Christenthums, dann durch die Einführung des Griechischen und Römischen Alterthums, in deren Gefolge die Reformation auftrat und mächtig wurde. Diese Verjüngungen haben so statt gefunden, dass keine die andere ausschliesst, vielmehr eine die andere gefördert hat, und dass beide noch fortwährend in ununterbrochener Thätigkeit fortwirken. Christenthum und Alterthum sind die beiden „Ursachen der Bewegung" unserer ganzen Bildung, durch die sich das angeborne Deutsche Wesen zu dem entwickelt hat, was es jetzt ist. So wenig beide bisher ihre Kraft in der Vervollkommnung des Volks erschöpft haben, so wenig sind sie die einzigen Mittel der Verjüngung geblieben. Vielmehr haben sie vereint uns auf den Standpunkt gestellt, auf dem wir gegenwärtig uns ein neues Mittel der Verjüngung schaffen und als solches uns aneignen, die Kunde der Natur und ihrer Kräfte, der Welt mit Einschluss des Menschen.

Hat denn nun das Deutsche Volk durch das Christenthum, das es noch lange nicht in seiner vollen Wahrheit auch nur annähernd in sich verwirklicht hat; durch das Alterthum, das es noch lange nicht als sein eigenes geistiges Jugendthum erkannt, dessen geistigen Inhalt es noch lange nicht als die Weisheit einer grossen umfangreichen Erfahrung zu der seinigen gemacht; durch die Naturwissenschaft, deren praktische Macht trotz aller bisherigen Anwendung doch erst im Anfang einer nicht zu berechnenden Entwickelung zu sein scheint, um die Befreiung des Menschen von „banauser" Arbeit, die Befreiung von drängender Sorge um „äussere Güter," die Befreiung von „Geist und Tugend behindernder" bloss körperlicher Anstrengung und Mühsal zu ermöglichen, und zugleich jene Aristotelische Freundschaft, die Bedingung aller Vereinigung, auch der staatlichen, trotz ganz anderer Zwecke der Chrematisten und durch dieselben zu fördern, — hat das Deutsche Volk durch diese mächtigen Elemente der Verjüngung schon die Höhe erreicht, welche uns im Verhältniss zum Glauben, Wissen und Können weit über die Griechen erheben müsste, und nun zu der eitelen Voraussicht des Niedersteigens und allmäligen Untergehens hinabstimmte?

Wir sagen Nein! Und doch, wer kann die betrübenden Symptome wegläugnen, wie das Christenthum vielen nur eine nützliche Einrichtung sei entblösst von dem Glauben an ein **Künftiges**; wie das Alterthum vielen nur eine bildende Unterhaltung für die „Feinen" sei, ein **Vergangenes** ohne Werth für die Gegenwart, ein unpraktisches Wissen; wie die Naturwissenschaft oft nur von dem ordinärsten Realismus in Dienst genommen wird, dienend einer **Gegenwart** von heute auf morgen, ja sie selber verzichtend auf alles ausser ihr selbst, den Geist wegwerfend wie ein Bagatel und die Wissenschaft vom Geist betrachtend als eine menschenfreundliche Thorheit für Knaben und gutmüthige Alte.

So erscheinen die Mahnungen, dass wir hinabsteigen, immer wieder sich zu erneuern. Und wie sehr auch die Ansicht von dem **Er** in der Welt gegen die Ansicht von dem **Es** ankämpft, wie klar uns auch bewiesen ist — um ein Beispiel anzuführen — dass nicht das Verhängniss, die Verhältnisse, das Gesetz der Schwere, des Wechsels oder wie man es nennen mag, die Macht des staatsfeindlichen Despoten Europa's brach, sondern Er, zunächst der eine Mann und mit ihm alle die Männer, die sich ihm anschlossen; dennoch tritt immer heute mehr, morgen vielleicht weniger die Ansicht hervor, es lasse sich mit dem besten Streben für den besten Zweck, mit der in **uns** liegenden Ursache des Ziels nicht ankämpfen gegen die **ausser uns** liegende Ursache der Bewegung, die rückwärts liegt in den Dingen, wie sie einmal geworden. Der einzelne Mensch möge nach Zwecken handeln, d. h. mit **Freiheit, weil er will**, die Nationen entbehren dieser

Kraft, in ihnen sei, was wir Tugend und freies Wollen nennen, natürlicher Zustand und dadurch bedingte Nothwendigkeit.

Mit dem Vertrauen zu dem, der alles nach Zwecken ordnet, weil er will, nicht nach physischen Ursachen, weil er muss, und überzeugt, dass auch in einem Volk das rechte Ziel die Ursache der Bewegung werden kann, lernte ich früh als Dein Contubernalis jenen trefflichsten Hellenen kennen, der mir seit dem immer ein treuer Begleiter und treuer Freund gewesen, und, wie Du aus diesem siehst, ein treuer Führer. Es macht mir Freude, Dir heute zu senden, was ich für den Augenblick über ihn zu sagen habe.

Dasselbe betrifft eine Frage, die an sich von keiner grossen Wichtigkeit zu sein scheint. Denn ob jene „exoterischen Reden" wirkliche Gespräche gebildeter Griechen, oder erdichtete von Aristoteles in besonderen Schriften dargestellte waren, scheint kaum eine Bedeutung zu haben, in so fern diese Schriften verloren gegangen und uns unbekannt sind. Doch hat die Erkenntniss des Wahren immer ihren Werth: und die Untersuchung über die „exoterischen Reden" führt nothwendig auf Fragen, welche, wenn auch einer weiteren Ausführung bedürftig, doch auch kurz zu berühren der Mühe nicht unwerth sein möchte. Denn es handelt sich um nichts geringeres, als zu entscheiden, ob und wie weit auch ausserhalb der Akademie der Stoa und des Lykeions die Seele, die Kunst und das Handeln, die Weise des Regierens, das beste Leben und seine Güter, die Zeit und die Ideen Gegenstände der Unterhaltung unter den Griechen und namentlich unter den Athenern gewesen sind. Diese Gegenstände haben alle ihre praktische Bedeutung und konnten eben so wenig im Leben als in der Lehre unbeachtet bleiben, am wenigsten unter einem durch Wissenschaft, Kunst und Politik so gebildeten Volk.

Aristoteles stand am Ende der Blüthe Griechenlands. Seine praktische Philosophie war entstanden auf Grund dessen, was er selbst erlebt und erfahren hatte. Sie war das Erzeugniss einer früheren Praxis, ist aber selbst bisher nie praktisch geworden, weder durch Griechen und Römer noch durch die Scholastik der Bettelmönche. Und doch sagt er selbst, er schreibe sie nicht um des Wissens willen, sondern damit die Menschen gut werden. Freilich, trotz des Lobes, welches der Ethik und Politik des Aristoteles gespendet wird, wenn heute jemand dieselben empfehlen wollte, damit die Menschen gut und weise werden, würde mancher das wohl sonderbar und überflüssig finden. Dennoch bin ich der Ueberzeugung, dass, wenn erst die wissenschaftliche Arbeit der Neubelebung der erhabenen Ansichten und Lehren des grossen Griechen gethan ist, die praktische Wirkung in einem hohen Grade eintreten wird und in grossem Umfang. Es giebt keine praktische Weisheit, die dem gewöhnlichen Wissen und Begreifen der Menschen so zugänglich gemacht werden kann, wie diese. Du erinnerst Dich, dass mein Aristotelisches Demokratenbüchlein von 1848 dazu einen Versuch machte. Das Ziel der Lehre des Aristoteles ist die Erreichung des höchsten menschlichen Ziels, die auf der einigen ethischen und dianoëtischen Tugend beruhende Glückseligkeit durch das an sich Gute und um des an sich Guten willen, unbekümmert um die Freude und den Genuss, welche nur aber auch sicher „in ihrem Gefolge" sind. Die Eudämonie, im echtaristotelischen Sinne gefasst, verdient nicht von der christlichen Ethik verschmäht zu werden. Möchte er doch selber sie als ein Geschenk der Gottheit (κατά τινα θείαν μοῖραν) ansehen, mehr denn irgend eine andere Gabe. Er fügt aber hinzu, wie sie erreicht wird; denn von selbst kommt sie nicht. „So viel ist klar — so lauten die schönen Worte im ersten Buch der Ethik — dass, wenn die Glückseligkeit auch nicht unmittelbar von Gott gesandt, sondern durch Ueben und Lernen gewonnen wird, sie etwas wahrhaft Göttliches ist. Sie kann aber auch ein allen Gemeinschaftliches werden; denn es ist möglich, dass sie durch Erziehung und Unterricht allen zu Theil wird." Das ist der wenig erkannte Kern seiner Ethik und Politik und seines besten Staats, dass derselbe sich selber schafft, indem er den Unterschied und den Widerspruch zwischen dem guten Staatsbürger und dem guten Mann aufhebt — durch Erziehung und Unterricht. Der Cultusminister in unseren Staaten, wenn er neben der Einsicht auch Muth hat, ist der mächtigste Mann der Zukunft, und der glücklichste wie der verantwortlichste Vermittler jener göttlichen Gabe.

Dein
P. W. Forchhammer.

Kiel im Sept. 1863.

Die Untersuchungen über die bei Aristoteles öfter erwähnten λόγοι ἐξωτερικοί gehen meistens von den Ansichten aus, welche sich bei den Commentatoren oder anderen nach-aristotelischen Schrifstellern über dieselben finden, und suchen z. Th. auf einem sehr weiten Umwege ihr Ziel zu erreichen. Indessen kann es niemandem, der sich mit dem Aristoteles beschäftigt, entgangen sein, dass sich aus den Späteren sehr selten etwas für das Verständniss des Aristoteles gewinnen lässt, was nicht besser aus den uns erhaltenen Schriften des Philosophen selbst geschöpft wird. Es schien sich uns daher auch rücksichtlich der erwähnten Frage stets zu empfehlen, vor der Hand alle Umwege zu vermeiden, und, indem wir grade auf das Ziel losgehen, beim Aristoteles selbst anzufangen. Es sind nicht weniger als acht Stellen oder, mit vorläufiger Umgehung zweier in den Eudemien, wenigstens sechs, deren Aristotelischer Ursprung nicht bezweifelt wird, in denen ἐξωτερικοί λόγοι erwähnt werden. Wir wollen sie alle vollständig dem Leser vor Augen legen, und demnächst die einzelnen näher betrachten. Wir befolgen namentlich rücksichtlich der Stellen aus der Etkik und Politik die muthmassliche chronologische Ordnung, in der sie von Aristoteles geschrieben sind.

1) Nikom. Ethik 1, 13.

Θεωρητέον δὴ καὶ τῷ πολιτικῷ περὶ ψυχῆς. Θεωρητέον δὲ τούτων χάριν καὶ ἐφ' ὅσον ἱκανῶς ἔχει πρὸς τὰ ζητούμενα· τὸ γὰρ ἐπὶ πλεῖον ἐξακριβοῦν ἐργωδέστερον ἴσως ἐστὶ τῶν προκειμένων. λέγεται δὲ περὶ αὐτῆς καὶ ἐν τοῖς ἐξωτερικοῖς λόγοις ἀρκούντως ἔνια καὶ χρηστέον αὐτοῖς· οἷον τὸ μὲν ἄλογον αὐτῆς εἶναι, τὸ δὲ λόγον ἔχον.

2) Nikom. Ethik 6, 4.

Τοῦ δὲ ἐνδεχομένου ἄλλως ἔχειν ἔστι τι καὶ ποιητὸν καὶ πρακτόν, ἕτερον δ' ἐστὶ ποίησις καὶ πρᾶξις· πιστεύομεν δὲ περὶ αὐτῶν καὶ τοῖς ἐξωτερικοῖς λόγοις.

3) Politik 3, 6.

Ἀλλὰ μὴν καὶ τῆς ἀρχῆς τοὺς λεγομένους τρόπους ῥᾴδιον διελεῖν· καὶ γὰρ ἐν τοῖς ἐξωτερικοῖς λόγοις διοριζόμεθα περὶ αὐτῶν πολλάκις.

4) Politik 7, 1.

Νομίσαντας οὖν ἱκανῶς πολλὰ λέγεσθαι καὶ τῶν ἐν τοῖς ἐξωτερικοῖς λόγοις περὶ τῆς ἀρίστης ζωῆς καὶ νῦν χρηστέον αὐτοῖς· ὡς ἀληθῶς γὰρ πρός γε μίαν διαίρεσιν οὐδεὶς ἀμφισβητήσειεν ἂν ὡς οὐ τριῶν οὐσῶν μερίδων, τῶν τε ἐκτὸς καὶ τῶν ἐν τῷ σώματι καὶ τῶν ἐν τῇ ψυχῇ, πάντα ταῦτα ὑπάρχειν τοῖς μακαρίοις δεῖ.

5) Eudemische Ethik 2, 1.

Πάντα δὴ τἀγαθὰ ἢ ἐκτὸς ἢ ἐν ψυχῇ, καὶ τούτων αἱρετώτερα τὰ ἐν τῇ ψυχῇ, καθάπερ διαιρούμεθα καὶ ἐν τοῖς ἐξωτερικοῖς λόγοις.

6) Physik 4, 10.

Ἐχόμενον δὲ τῶν εἰρημένων ἐστὶν ἐπελθεῖν περὶ χρόνου· πρῶτον δὲ καλῶς ἔχει διαπορῆσαι περὶ αὐτοῦ καὶ διὰ τῶν ἐξωτερικῶν λόγων, πότερον τῶν ὄντων ἐστὶν ἢ τῶν μὴ ὄντων, εἶτα τίς ἡ φύσις αὐτοῦ.

7) Metaphysik 13, 1.

—σκεπτέον πρῶτον μὲν περὶ τῶν μαθηματικῶν μηδεμίαν προστιθέντας φύσιν ἄλλην αὐτοῖς, οἷον πότερον ἰδέαι τυγχάνουσι οὖσαι ἢ οὔ, καὶ πότερον ἀρχαὶ καὶ οὐσίαι τῶν ὄντων ἢ οὔ, ἀλλ' ὡς περὶ μαθηματικῶν μόνον εἴτ' εἰσὶν εἴτε μή εἰσι, καὶ εἰ εἰσί, πῶς εἰσίν. ἔπειτα μετὰ ταῦτα χωρὶς περὶ τῶν ἰδεῶν αὐτῶν ἁπλῶς καὶ ὅσον νόμου χάριν· τεθρύληται γὰρ τὰ πολλὰ καὶ ὑπὸ τῶν ἐξωτερικῶν λόγων.

8) Eudemische Ethik 1, 8.

Εἰ δὲ δεῖ συντόμως εἰπεῖν περὶ αὐτῶν, λέγομεν, ὅτι πρῶτον μὲν τὸ εἶναι ἰδέαν μὴ μόνον ἀγαθοῦ, ἀλλὰ καὶ ἄλλου ὁτουοῦν λέγεται λογικῶς καὶ κενῶς· ἐπέσκεπται δὲ πολλοῖς περὶ αὐτοῦ τρόποις καὶ ἐν τοῖς ἐξωτερικοῖς λόγοις καὶ ἐν τοῖς κατὰ φιλοσοφίαν.

Betrachten wir nun die äussere Form dieser Stellen, so bemerken wir zuerst, dass zu dem Wort ἐξωτερικός überall das Wort λόγος hinzugefügt ist, nirgends steht ἐν τοῖς ἐξωτερικοῖς allein, und nirgends ist statt λόγοις ein anderes Wort gewählt wie συγγράμμασι oder διαλόγοις. Zweitens steht in allen Stellen das Verbum im Präsens λέγεται, λέγεσθαι, διοριζόμεθα, διαιρούμεθα, πιστεύομεν, oder statt dessen ein Perfectum mit Präsens-Bedeutung: τεθρύληται, ἐπέσκεπται. Ferner steht vor dem fraglichen Ausdruck in sieben Stellen das Wörtchen καί in dem Sinn von auch, in der achten in einer verwandten Bedeutung. Diesem auch entspricht in den meisten Stellen die Bemerkung, dass öfter oder für den gegenwärtigen Zweck genügend in jenen ἐξωτερικοῖς λόγοις von dem zu besprechenden Gegenstande die

Rede sei: ἀρκούντως ἔνια, πολλάκις, ἱκανῶς πολλὰ, τεθρύληται τὰ πολλά, ἐπέσκεπται πολλοῖς τρόποις. Und weil in dem Wort ἐξωτερικός theils angedeutet ist, dass diese λόγοι andere sind, als die der Schrift, worin sie erwähnt werden, theils dass sie minder streng philosophisch sind, so ist meistens ein Wort hinzugefügt, um ihre Anwendung zu rechtfertigen und sie auch in der vorliegenden philosophischen Untersuchung für brauchbar zu erklären: χρηστέον αὐτοῖς — πιστεύομεν (αὐτοῖς) — ῥᾴδιον διελεῖν· καὶ γὰρ — καὶ νῦν χρηστέον αὐτοῖς — καθάπερ — καλῶς ἔχει διαπορῆσαι καὶ διὰ τῶν ἐξωτερικῶν λόγων — ἁπλῶς καὶ ὅσον νόμου χάριν· τεθρύληται γαρ—συντόμως εἰπεῖν.

Wer nun die ἐξωτερικοὺς λόγους allein aus dem Aristoteles kennt, nichts von allem dem weiss, was man aus diesem Ausdruck heraus erklärt hat, wohl aber aus den angeführten Stellen ersieht, dass unter diesen „äusserlichen Reden" solche verstanden werden, welche der philosophischen Schrift, in der sie erwähnt werden, als minder bedeutend entgegengesetzt, jedoch zugleich als für sie brauchbar angeführt sind; wer ferner aus dem ἀρκούντως ἔνια (Nic. Eth. 1, 13), aus dem πιστεύομεν (Nic. Eth. 6, 4) aus dem ῥᾴδιον διελεῖν, καὶ γάρ (Pol. 3, 6) aus dem τεθρύληται nothwendig auf die Vorstellung geleitet wird, dass diese λόγοι nicht des Aristoteles sind, sondern solche Reden, an denen Nicht-Philosophen theilnehmen, und zwar fortwährend theilnehmen im Gegensatz solcher λόγοι, die fertig in Schriften niedergelegt sind (εἴρηται, διώρισται &.); der kann unmöglich anders denken, als dass jene oft vorkommenden, auch für die philosophische

Erörterung brauchbaren Ansichten keine andere sind, als die in äusserlichen Unterredungen, in der gewöhnlichen Unterhaltung der Gebildeten ausserhalb der Schule vorgebrachten. Ein solcher Leser wird also der Erklärung von Zell zur Nikom. Ethik 3, 6 beistimmen, mit der Madvig zu Cic. de finib. Exc. VII. und Torstrick zu Aristoteles de anima S. 123 einverstanden sind, welche aber unter anderen gegen diese von Bernays in seiner neuesten Schrift „die Dialoge des Aristoteles 1863" bekämpft wird. (Vgl. auch Thomas de Aristotelis ἐξωτερικοῖς λόγοις 1860.)

Bei der mit Gelehrsamkeit und grosser Ausführlichkeit von Bernays versuchten Widerlegung dieser Erklärung wird es unabweislich, dieselbe durch genauere Untersuchung jeder einzelnen Stelle zu schützen. Dies soll im Folgenden geschehen. Es wird zweckmässig sein, zunächst die vier Stellen der Nikom. Ethik und der Politik durchzugehen, theils weil diese beiden Schriften auch nach der Ansicht des Aristoteles im Grunde Ein Werk bilden, theils weil in allen vier Stellen, bei der grossen Verschiedenheit der Fragen, welche als Gegenstände der ἐξωτερικῶν λόγων genannt werden, doch die grösste Verwandtschaft der Fassung des Ausdrucks obwaltet. Eine Hauptfrage wird bei allen angeführten Stellen die sein, ob jene Gegenstände der ἐξωτερικῶν λόγων mit Recht als Gegenstände der ausserphilosophischen Unterhaltung jener Zeit betrachtet werden können, und ob es mit der Art der Aristotelischen Untersuchungen vereinbar ist, dass der Philosoph sie als solche für seine wissenschaftliche Lehre benutzte.

Um von dem Letzteren auszugehen, wollen wir an die Methode, welche Aristoteles in seinen Untersuchungen zu befolgen pflegt, erinnern, wiewol es kaum nöthig sein sollte. Wir können uns dabei gegen Bernays der eigenen Worte desselben bedienen. Er schreibt S. 77. „Aristoteles beginnt keine Forschung, ohne vorher die in Frage kommenden Wörter nach ihren verschiedenen Bedeutungen zu zu sondern und dadurch zugleich die Begriffe in ihre Bestandtheile zu zerlegen." Diese verschiedenen Bedeutungen der Wörter wo anders sind dieselben zu suchen, und wo anders sucht er sie, als in der gewöhnlichen Sprache und der gewöhnlichen Unterhaltung der Menschen? Diese Wörter sind ja eben nur der Ausdruck der Ansichten und Meinungen ($\delta\acute{o}\xi\alpha\iota$) der Zeitgenossen. Und wenn auch Aristoteles die Bedeutung der Wörter für seine Lehre feststellt, und zuweilen ein neues Wort bildet oder ein wenig gebrauchtes mit einer bestimmten Bedeutung versieht, so besteht doch sein Verfahren keineswegs bloss darin das er definirt, die Begriffe in ihre Bestandtheile auflöst, sondern hauptsächlich darin, dass er von dem Bekannten, d. h. von dem, welches denen bekannt war, die er belehren und auf die er wirken wollte, zu dem Unbekannten fortschritt. Und was namentlich die Ethik und die Politik betrifft, so war er ja weit davon entfernt, bloss eine philosophische Schulweisheit, einen Theil des „Systems" vortragen zu wollen. „Nicht, damit wir wissen, sagt er, was die Tugend sei, stellen wir die Betrachtung an, sondern damit wir gut werden; sonst wäre sie unnütz." Freilich gehörte seine Ethik und Politik darum nicht minder in die Einheit des ganzen Gedankens, in die Einheit der Wahrheit, die er überall verfolgt und in Worte fasst. Aber anknüpfen will er überall nicht bloss an den formalen Begriff des Wortes in der gewöhnlichen Sprache, sondern an den realen Inhalt der im Wort ausgesprochenen Ansichten, welche in dem geistigen Leben seiner Zeitgenossen und besonders Athen's als ein Gemeingut, oder als den Lernbegierigen, den Gebildeten bekannt galten.

I. Nicomachische Ethik 1, 13. Die Seele.

Nachdem Aristoteles im ersten Buch der Ethik davon ausgegangen, dass jedes Bestreben einen Zweck habe, der das (wahre oder vermeintliche) Gute sei, der höchste Zweck aber oder das höchste Gute dasjenige sei, um dessen willen alle anderen Zwecke seien, sucht er die Wissenschaft, welche sich mit dem höchsten Zweck zu beschäftigen hat, und den höchsten Zweck selbst, womit sich diese Wissenschaft beschäftigt. Jene Wissenschaft ist die Staatswissenschaft und das höchste menschliche Gut, welches die Staatswissenschaft erstrebt, ist die Glückseligkeit sowohl nach der Ansicht der Menge als der Glücklichen. Die Glückseligkeit wird dann bestimmt als die Thätigkeit der Seele in Uebereinstimmung mit der höchsten Tugend in einem vollständigen Leben. Sie also ist das höchste Gut für jeden „politischen" Menschen, für jeden Staatsbürger, also auch für jeden Griechen. „Da aber die Glückseligkeit in der Thätigkeit der Seele besteht, und da die Tugend, welche dieser Thätigkeit zum Grunde liegen muss, nicht eine Eigenschaft des Körpers, sondern der Seele ist, so folgt, dass jeder Staatsbürger eine gewisse Kenntniss der Seele haben muss, nämlich eine solche, welche für den Zweck genügt. Eine umfassendere und genauere Untersuchung über die Seele würde für die gegenwärtige Betrachtung zu weit führen; **dagegen kommt auch in der gewöhnlichen Unterhaltung in genügender Weise Einiges über die Seele vor, und davon ist (hier) Gebrauch zu machen, z. B.** dass etwas in ihr nicht-vernünftig, etwas aber vernünftig ist. Ob dieses beides aber trennbare Theile sind, wie die Theile des Körpers, oder ob sie von Natur untrennbar sind, wie im Kreis das Convexe und Concave, macht für die gegenwärtige Betrachtung keinen Unterschied." Es wird dann aus dieser Unterscheidung die Lehre von den ethischen und dianoëtischen Tugenden — wir würden etwa sagen von den Tugenden des Herzens und des Verstandes — abgeleitet und bemerkt, dass **man die lobenswerthen Eigenschaften** sowol des Herzens als des Verstandes, sowol des $\eta \vartheta o \varsigma$ als der $\delta \iota \acute{\alpha} \nu o \iota \alpha$ Tugenden nenne.

Ist nun jene Unterscheidung des Vernünftigen und des Nicht-vernünftigen in der Seele etwas so Ausserordentliches und nur der philosophischen Schule Angehöriges, dass sie nicht auch oft in der gewöhnlichen Unterhaltung, im gewöhnlichen Leben gemacht werde? Konnte es doch nicht fehlen, dass jeder Pädagog oft genug seinen jungen Zögling ermahnte, nicht der unvernünftigen Neigung seiner Seele zu folgen, sondern seine Vernunft zu gebrauchen; konnte es doch nicht fehlen, dass man bei dem bewegten politischen Leben jeden Augenblick auf die Frage geführt wurde, ob der $\lambda \acute{o} \gamma o \varsigma$ oder das $\mathring{\alpha} \lambda o \gamma o \nu$ gesiegt habe; — ob bei diesem und jenem das Herz, welches an sich keine Vernunft hat, dem

Kopf, d. i. der Vernunft folge, oder ihr widerstrebe. Aristoteles stellt diese gewöhnliche Unterscheidung überdies ausdrücklich der philosophischen Untersuchung, dem ἐπὶ πλεῖον ἐξακριβοῦν, entgegen; und in der Schrift über die Seele 3, 9, sind jene τινές welche das λόγον ἔχον und das ἄλογον unterscheiden, weder nothwendig Philosophen, noch ist anzunehmen, dass die ganze Unterscheidung die Erfindung eines Philosophen sei, gesetzt auch es wäre dieselbe Unterscheidung zu anderer Zeit und von Anderen durch andere Wörter ausgedrückt. Wie weit die Unterscheidung der Seelenkräfte hinaufreicht, wie reich schon Homer an Bezeichnung der einzelnen Seelenkräfte ist, darüber vergleiche man die treffliche Abhandlung „über die beiden Homerischen Cardinaltugenden" von F. K. D. Jansen in dem Meldorfer Programm von 1854. Am Schluss jener Abhandlung bemerkt der Verfasser: „Das populäre Wissen von der Ethik ist aus dem Homer geboren und fortdauernd genährt; die vier Cardinaltugenden, die dem ganzen Volksbewustsein der späteren Zeit geläufig sind — liegen in der Homerischen Dyas beschlossen. — Aristoteles mit seiner(?) Eintheilung der Seele in das ἄλογον und λόγον ἔχον — besonders aber mit seinem untrennbaren Tugendpaar, der ἠθική und διανοητική ἀρετή steht ganz auf Homerischem Grunde". Schreiber dieses hat schon in der Schrift über Sokrates darauf hingewiesen, dass in der Rede, welche Thrasybul nach der Einnahme der Stadt in der Volksversammlung hielt, den Oligarchen die Nichtigkeit ihrer Ansprüche auf die vier Cardinaltugenden vorgehalten wird. Dergleichen Begriffe gehörten so sehr in den Kreis der Bildung der Athenischen Bürgerschaft, wie bei uns etwa die

Forderung, dass der brave Mann „Herz und Kopf" am rechten Fleck haben soll, und wer immer die Unterscheidung zuerst mit den Worten τὸ ἄλογον und τὸ λόγον ἔχον aussprach, verständlich musste er im gewöhnlichen Gespräch leicht jedem Griechen sein. Wir erinnern auch noch an die Worte Dissens in den Prolegomenen zum Pindar: „vides virtutes cardinales vulgo dictas per omnia Pindari carmina tractari, quae diu ante philosophos inde a priscis temporibus in religionibus, in fabulis, in legibus civitatum, in carminibus poetarum, in moribus et sensibus populi habebantur." Auch beim Aristoteles werden, trotz der Aufzählung einer Menge Tugenden im vierten Buch der Ethik, doch fast immer, wo er beispielsweise Tugenden anführt, die vier Cardinaltugenden ἀνδρία, σωφροσύνη, δικαιοσύνη und φρόνησις genannt, von denen die ersten drei dem ἦθος d. i. dem ἄλογον aber τοῦ λόγου ἀκουστικόν, die φρόνησις dagegen dem λόγον ἔχον der Seele angehört, und zwar so, dass jede der ethischen Tugenden, um wirkliche Tugend zu sein, mit der φρόνησις, der dianoëtischen Tugend, d. i. dem λόγος verbunden sein muss, denn der λόγος befielt (ἐπιτάττει) wie das ἦθος (θυμός und ἐπιθυμητικόν Plato) handeln soll. Wir denken, es kann niemandem auffallend sein, dass jene Eintheilung auch Gegenstand eines gewöhnlichen Gesprächs der Gebildeten ausserhalb der Schule war. Keinen Falls gehörte dieselbe zu den ausschliesslich peripatetischen Ansichten, wie Bernays (S. 36) will, und eben so wenig zu den Platonischen oder sonst specifisch philosophischen Ansichten. Schon Homer lässt den Zeus die etwanige Unfolgsamkeit des Poseidon gegen seinen Rath und Befehl als ein ἀλογεῖν bezeichnen (Il. 15, 163, 178).

II. Nikom. Ethik 6, 4. Machen und Handeln.

„Von demjenigen, welches so und auch anders sein kann, ist einiges machbar, anderes thubar (ποιητὸν — πρακτόν). Das Machen und das Thun (Handeln) ist verschieden. Wir stimmen in dieser Beziehung auch den Gesprächen ausser der Schule bei." Nach diesen Worten folgt bei Aristoteles eine nähere Begriffsbestimmung des Machens oder der Kunst und des Handelns nach seiner eigenen Terminologie. Nur die Unterscheidung selbst zwischen Machen und Handeln bestätigt er durch den Sprachgebrauch in der gewöhnlichen Unterhaltung, welche, mochte sie auch öfter ποιεῖν in dem Sinn von πράττειν brauchen, doch nicht umgekehrt πράττειν in dem Sinn von „machen" anwenden konnte. Schon in Plato's Charmides (p. 163 f.) finden wir in einem Gespräch, welches im Grunde ganz den Charakter eines λόγος ἐξωτερικός hat, die beiden Wörter unterschieden. Aber auch schon Homer und alle Folgenden unterscheiden im Gebrauch der beiden Wörter, so dass gewiss nirgends z. B. πράττειν κλισίην in dem Sinn von ποιεῖν κλισίην gelesen wird, so wenig als im Deutschen „ein Lager thun", statt „ein Lager machen". Diese Unterscheidung wird auch wohl allerseits als in der Sprache begründet anerkannt, und weiteres, wie gesagt, leitet Aristoteles aus den ἐξωτερικοῖς λόγοις nicht ab, als dass dieselben über die Unterscheidung hinlängliche Ueberzeugung geben. Der Ausdruck des Aristoteles πιστευόμεν, auf seine eigenen Schriften von ihm selbst angewandt, würde ganz unpassend sein.

III. Politik 3, 6. Die Weise des Regierens.

„Auch die sogenannten Regierungsweisen sind leicht zu unterscheiden; denn auch in den äusseren Unterhaltungen machen wir oft einen Unterschied rücksichtlich derselben." Wer in dieser Stelle den Ausdruck τρόποι τῆς ἀρχῆς, die Weisen des Regierens, für identisch hält mit εἴδη τῆς ἀρχῆς, den Arten der Verfassung, wie Herr Bernays (S. 53), der ist von vornherein auf irrigem Wege. — Aristoteles behandelt in den drei Büchern 2, 3, 4 die εἴδη, d. i. die Formen oder Arten der Verfassung. Das zweite Buch berichtet über theoretisch aufgestellte (Plato, Phaleas, Hippodamos) und factisch bestehende Verfassungen (Lakedämon, Kreta, Karthago) und fügt diesen am Schluss noch einige einzelne Bemerkungen über andere Urheber von Verfassungen und Gesetzen hinzu. Das 3. und 4. Buch enthalten des Philosophen eigene Eintheilung und Beurtheilung der verschiedenen Arten (εἴδη) der Verfassungen. Zuerst bestimmt er den Begriff des Staats und des Staatsbürgers und das Verhältniss des guten Staatsbürgers und guten Mannes zu einander nach Maassgabe der ethischen Tugenden und der Tugend des Verstandes (φρόνησις), so wie des dadurch bedingten Regierenden (ἄρχων) und des Regierten (ἀρχόμενος). Nachdem er hervorgehoben, dass es Eine Verfassung gebe (nämlich die ἀρίστη πολιτεία des 7. und 8. Buchs), in der der Regierende und der Regierte und zugleich der gute Mann und der gute Bürger identisch sind, weil sie im Besitz der vollen Tugend sind, und also als Regierende im Besitz der Verstandestugend zu den ethischen Handlungen der Regierten als solcher, und dass die verschiedenen Arten der Verfassung in Beziehung stehen zu den nach Verhältniss der Tugend verschiedene Arten des Bürgers (εἴδη πολίτου), geht er über zu der Frage, wie viele und welche Verfassungen es überhaupt gebe. Die Antwort hängt ab von dem κύριον oder der höchsten Staatsgewalt im Staat. Diese aber bestimmt sich nach dem Zweck der staatlichen Verbindung. Da nun der Mensch von Natur ein gesellschaftliches Wesen ist, so streben die Menschen zuerst darnach, zusammen, in Gesellschaft zu leben; demnächst auch dieses Zusammenleben angenehm und nützlich zu machen. Es fragt sich also gleich, was für diesen gemeinschaftlichen Zweck das **gemeinschaftliche Nützliche** (συμφέρον) ist. Der Herr von Sclaven herrscht zu seinem **eigenen Nutzen**, und nur accidentel (κατὰ συμβεβηκός) zum Nutzen der beherrschten Sclaven, denn der Untergang des Sclaven ist des Herrn Schade. Beiden ist dasselbe nützlich. Der Familienvater sorgt für das Heil der Familie und ihrer Glieder; weil er aber auch selbst zur Familie gehört, sorgt er accidentel auch für das eigene Heil. In beiden Fällen befasst **zwar** der Nutzen des Regierenden (ἄρχων) den Nutzen der Regierten (ἀρχόμενοι) und umgekehrt. Aber in dem ersten Fall regiert der Regierende als solcher **zu seinem Nutzen**, in dem zweiten Fall dagegen **zum allgemeinen Besten**. In der Voraussetzung nun, dass im Staat der Regierte (ἀρχόμενος), wenn er Regierender (ἄρχων) wird, ebenso den Nutzen des gegenwärtig Regierenden, wenn er Regierter wird, im Auge behalten werde, wie dieser den Nutzen jenes im Auge hatte, besteht in den Staaten, wo Gleichheit der Bürger herrscht, ein **Wechsel der Herrschaft** (d. i. der Bürger, welche die höchste Gewalt, das κύριον, vertreten). Allein es kann auch der, welcher im Besitz der höchsten Gewalt ist, diese Gewalt zu seinem eigenen Nutzen missbrauchen. Daraus ergiebt sich, dass in derselben Verfassung, möge die höchste Gewalt bei dem ganzen Volk, oder bei Wenigen, oder bei Einem sein, die Regierungsweise, der τρόπος τῆς ἀρχῆς den entgegengesetzten Charakter haben kann, je nachdem der Monarch, oder die Wenigen oder die Mehrheit zum allgemeinen Besten oder zum eigenen Vortheil regieren.

Von dieser Weise des Regierens, oder wie wir etwa sagen würden, von diesem Charakter der Herrschaft spricht Aristoteles in unserer Stelle, und bemerkt gewiss mit Recht: „es ist leicht, die s. g. Weisen des Regierens zu unterscheiden, denn auch in gewöhnlichen Gesprächen machen wir öfter einen Unterschied rücksichtlich derselben". Oder sollte bei dem Wechsel und dem regen politischen Leben in Griechenland nicht tausendmal die Betrachtung darauf geleitet sein, ob in diesem oder jenem Staat die Oligarchen oder die Demokraten oder wer immer die Herrschaft inne hatte, ob sie den eigenen Vortheil erstrebten oder das allgemeine Beste? Wer daran zweifelt, der möge nur heute aufhorchen, in den ἐξωτερικωτάτοις λόγοις wird er dieser Unterscheidung täglich begegnen.

Wir nehmen aber von jenem Irrthum der Identificirung der Begriffe εἶδος und τρόπος Anlass durch ein paar Beispiele an die Vorsicht zu erinnern, welche das Verständniss des Aristotelischen Sprachgebrauchs jedem Forscher auflegt. — Im 3ten Capitel des 2ten Buchs der Physik zählt Aristoteles die ἀρχάς oder αἴτια auf und führt sie sämmtlich zurück auf die bekannten **vier**: des **Stoffs**, der **Form**, der **Bewegung** und des **Zwecks**. Am Schluss des Capitels fügt er dann hinzu: „diese und so viele Ursachen giebt es nach der Art. Die **Weisen** aber, wie etwas Ursache ist, sind der Zahl nach viele, die man aber unter wenige zusammenfassen kann, und auch bei den **gleichartigen** ist eine Weise vor der andern". Aristoteles führt dann die **Weisen** der **vier**, nach der Art verschiedene, Ursachen auf zweimal sechs zurück. Τὰ μὲν οὖν αἴτια ταῦτα καὶ τοσαῦτά ἐστι τῷ εἴδει· τρόποι δὲ τῶν αἰτίων ἀριθμῷ μὲν εἰσι πολλοί, κεφαλαιούμενοι δὲ καὶ οὗτοι ἐλάττους.

Ein anderes Beispiel der Unterscheidung des τρόπος und εἶδος in anderer Anwendung ist folgendes, über welches wir wegen der nicht gleich hervortretenden Anordnung etwas ausführlicher sprechen wollen. Es findet sich im 2ten Capitel des 4ten Buchs der Politik verglichen mit den drei letzten Capiteln desselben Buchs. Weil aber das 2te Capitel sich auf den Anfang des Buchs bezieht, und dessen Inhalt von den **vier verschiedenen besten Verfassungen** einer deutlicheren Darlegung bedarf, wollen wir aus dem Vortrag in der Casseler Philologen-Versammlung (1843) Folgendes mit einigen Zusätzen der auf jede bezüglichen Ausdrücke hersetzen: „Der besten Verfassungen giebt es **vier**,

1) die **absolut beste**: τίς ἀρίστη· τῷ γὰρ κάλλιστα πεφυκότι καὶ κεχορηγημένῳ τὴν ἀρίστην ἀναγκαῖον ἁρμόττειν. — τὴν ἀρίστην θεωρῆσαι τίς ἐστι, καὶ ποία τις ἂν οὖσα μάλιστ' εἴη κατ' εὐχήν, μηδενὸς ἐμποδίζοντος τῶν ἐκτός. — τὴν κρατίστην ἁπλῶς — τὴν ἀρίστην πολιτείαν· τὴν ἀκροτάτην καὶ δεομένην πολλῆς χορηγίας. Vgl. B. 3, c. 15—18 und B. 7 u. 8.

2) die allgemein beste: τίς τοῖς πλείστοις μία πᾶσιν. — τὴν μάλιστα πάσαις ταῖς πόλεσιν ἁρμόττουσαν· — κοινήν τινα.

3) die relativ beste, d. i. die nach bestehenden Verhältnissen beste: ποία ποίῳ συμφέρει· — τίς τίσιν ἁρμόττουσα· τὴν ἐκ τῶν ὑποκειμένων ἀρίστην — τὴν ἐνδεχομένην ἐκ τῶν ὑπαρχόντων — τὴν δυνατήν.

4) die bedingt beste, d. i. unter Voraussetzung einer bestimmten Forderung: — ἐάν τις μὴ τῆς ἱκνουμένης ἐπιθυμῇ. — τὴν ἐξ ὑποθέσεως, τὴν δοθεῖσαν· — τινὰ φαυροτέραν.

Alle diese Ausdrücke finden sich in dem ersten Capitel und ihre Beziehung auf je eine der vier besten Verfassungen ist nicht zweifelhaft. Im Vorbeigehen wollen wir hier nur bemerken, dass alle diese Verfassungen, mit Ausnahme der absolut besten, zwar an sich ὀρθαί sind, aber, wenn die Regierenden zu ihrem eigenen Vortheil regieren durch solchen τρόπος τῆς ἀρχῆς zu παρεκβάσεις werden können. — Mit Beziehung also auf jene Verschiedenheit der besten Verfassungen giebt Aristoteles nun im zweiten Capitel den Inhalt des Buchs in folgender Weise an.

1) ἡμῖν πρῶτον μὲν διαιρετέον πόσαι διαφοραὶ τῶν πολιτειῶν (1 — 10), εἴπερ ἔστιν εἴδη πλείονα τῆς τε δημοκρατίας καὶ τῆς ὀλιγαρχίας (c. 3—6) — κἂν εἴ τις ἄλλη τετύχηκεν ἀριστοκρατικὴ καὶ συνεστῶσα καλῶς (c. 7). — Dazu c. 8, 9: περὶ τῆς νομιζομένης πολιτείας. (τί διαφέρουσιν ἀλλήλων αἵ τ' ἀριστοκρατίαι, καὶ αἱ πολιτεῖαι τῆς ἀριστοκρατίας, καὶ ὅτι οὐ πόρρω αὗται ἀλλήλων, φανερόν c. 8 a. E.); ferner c. 10: περὶ τυραννίδος ἣν ἡμῖν λοιπὸν εἰπεῖν.

2) τίς κοινοτάτη καὶ τίς αἱρετωτάτη μετὰ τὴν ἀρίστην πολιτείαν, — κἂν εἴ τις ἄλλη etc. cf. ad 1.

— ἀλλὰ ταῖς πλείσταις ἁρμόττουσα πόλεσί τίς ἐστιν. c. 11. die allgemeine beste Verfassung.

Anm. Ueber die bedingt beste (πρὸς ὑπόθεσιν, — λέγω δὲ πρὸς ὑπόθεσιν, ὅτι πολλάκισ οὔσησ ἄλλης πολιτείας αἱρετωτέρας, ἐνίοις οὐθὲν κωλύσει συμφέρειν ἑτέραν μᾶλλον εἶναι πολιτείαν c. 11 a. E.) lassen sich keine Regeln aufstellen.

3) ἔπειτα καὶ τῶν ἄλλων τίς τισι αἱρετή. c. 12. die relativ beste Verfassung.

Anm. Von der absolut besten Verfassung, über die er im 7ten und 8ten Buch handelt, will er hier noch nicht sprechen. Es kann möglicher Weise eine **absolut beste Basileia des Einen** und eine **absolut beste Aristokratia der Wenigen** geben: über diese hat er B. 3 c. 15—18. gesprochen, wie er selbst anführt 4, 2 i. A. βούλεται ἑκατέρα κατ' ἀρετὴν συνεστάναι κεχορηγημένην. Höher als diese steht die **absolut beste Politeia, in der alle Staatsbürger an der Regierung Theil haben. Auf diese konnte er sich hier nicht beziehen, weil das 7te Buch eben nicht das vierte ist.**

4) μετὰ δὲ ταῦτα, τίνα τρόπον δεῖ καθιστάναι τὸν βουλόμενον ταύτας τὰς πολιτείας, λέγω δὲ δημοκρατίας τε καθ' ἕκαστον εἶδος καὶ πάλιν ὀλιγαρχίας (c. 13 σοφίσματα ὀλιγαρχικὰ κ. δημοκρατικά) c. 14, 15, 16. Weit entfernt also, dass τρόπος und εἶδος gleichbedeutend sind, bezieht er den τρόπος hier auf die Weise der Einrichtung des beabsichtigten εἶδος (wie oben Pol. 3, 6. auf die Weise der Ausführung der Verfassung). Diese τρόποι werden in den letzten 3 Capiteln des 4. Buchs rücksichtlich der Einrichtung (καθιστάναι, κατάστασις) der drei Gewalten, τῶν μορίων τῶν πολιτειῶν ἁπασῶν, nämlich der berathenden (τὸ βουλευόμενον), der verwaltenden (τὸ ἄρχον) und der

richterlichen (τὸ δικάζον) dargestellt und zwar in ihrer Verschiedenheit nach den verschiedenen εἴδη der Verfassung, der Demokratie, der Oligarchie und der aus diesen gemischten Aristokratie.

Ueber die τρόποι der Einrichtung der Politeia sowohl der mehr demokratischen, als der mehr aristokratischen vgl. B. 4, c. 9.

Um zu unserer Stelle der Politik 3, 6 zurückzukehren: es giebt hauptsächlich zwei Weisen des Regierens, τρόποι τῆς ἀρχῆς. Darnach sind die Verfassungen **rechte** ὀρθαί, wenn die höchste Gewalt, das κύριον im Staat **das allgemeine Beste**, τὸ κοινῇ συμφέρον, erstrebt; dagegen **fehlerhafte**, ἡμαρτημέναι (Plato) oder παρεκβάσεις, wenn die höchste Gewalt zum eigenen Vortheil, πρὸς τὸ ἴδιον συμφέρον, der κύριοι verwandt wird. Es kann dies **in jeder Art** von Verfassung eintreten. Nach der **Art**, εἶδος, aber giebt es **drei Verfassungen**, je nach dem **Einer, oder wenige oder die Mehrheit** im Besitz des κύριον oder der ἀρχή des Staats sind. Diese drei εἴδη finden sich nun sowohl in den ὀρθαῖς als den ἡμαρτημέναις πολιτείαις nach der Verschiedenheit des τρόπος τῆς ἀρχῆς. In den ἡμαρτημέναις wird die Basileia zur Tyrannis, die Aristokratie zur Oligarchie, und die Politie zur Demokratie (Ochlokratie). Jede der so entstandenen sechs εἴδη hat wieder ihre Unterarten, gleichfalls εἴδη genannt, welche Aristoteles im 4. Buch durchgeht.

Wie nun deutet Herr Bernays jene Weisen des Regierens, deren Unterschied Aristoteles mit der gewöhnlichen Ansicht in das **Regieren zum eigenen Vortheil oder zum allgemeinen Besten** setzt? Aus den Titeln von vier verlorenen Schriften leitet er eine im Grunde ganz andere

Unterscheidung ab (S. 56), indem er den Aristoteles dem Alexander den Rath geben lässt, den Barbaren in Asien eine **despotisch zwingende** Behandlung angedeihen zu lassen, dagegen den Hellenen eine **freiheitliche** Leitung. Die Ermahnung an Alexander ist ebenso sehr eine blosse Phantasie des Herrn Bernays, als die Deutung des τρόπος falsch.

Rücksichtlich der εἴδη möge noch darauf aufmerksam gemacht werden, dass es nicht zufällig ist, dass in diesen Büchern 2. und 3. das Wort εἶδος unzählige Mal gelesen wird. Unter Beziehung auf die Abhandlungen von **Bendixen im Philologus Bd. XIII u. XIV.** und von dem Verfasser dieses in den Verhandlungen der **Philologenversammlung in Cassel 1843** und im **Philologus XV.** dürfen wir wohl die Frage wegen der Ordnung der Bücher der Politik als zu Gunsten sämmtlicher Handschriften und der Ausgaben (mit Ausnahme der jüngsten Bekkerschen) als erledigt ansehen. Wir kommen indessen im nächsten Abschnitt darauf zurück. Wir beharren auch bei dem, was wir in der Philologenversammlung dargethan, dass das erste Buch der Politik das ὑποκείμενον des Staats, das 2te, 3te und 4te Buch das εἶδος, das 5te und 6te Buch die μεταβολή oder κίνησις und das 7te und 8te Buch das τέλος des Staats, die πολιτεία τελεία d. i. die ἀρίστη ἁπλῶς betrachtet. Auch die Gegenbemerkungen des Herrn **Hildenbrand** (Geschichte und System der Rechtsphilosophie S. 390), der sich in würdigerer Weise, als Herr Sprengel darüber ausspricht, sind weit entfernt, uns zu einer andern Ansicht zu bewegen. Aristoteles macht die **vier Ursachen**, deren Erkenntniss die Bedingung aller Erkenntniss ist (was Herr Spengel freilich zu leugnen scheint) zum Eintheilungsgrunde seiner Betrachtungen über den Staat. Die vier Ursachen des Staats sind das ὑποκείμενον, oder die μέρη τοῦ ὅλου die einzelnen Bürger mit ihrer Familie, ihrem Haus; das εἶδος die Formen, Arten der Staaten, die Verfassung; die ἀρχὴ κινήσεως oder μεταβολῆς und ἠρεμήσεως, die Ursachen und Weisen wie eine Verfassung in die andere übergeht, wie der Staat in seiner Verfassung zu erhalten ist; endlich das τέλος, das höchste Ziel des Staats oder der vollkommene Staat, und wie und durch welche Mittel dieses Ziel erreicht, der vollkommene Staat verwirklicht wird. Alle diese Ursachen werden natürlich immer als Ursachen des Staats, als des Resultats aller vier Ursachen betrachtet, von dem sie nicht zu trennen sind, daher überall gelegentlich auf die andern Ursachen Rücksicht genommen ist, während gleichwohl die sich entsprechenden Stichwörter jener Eintheilung in den verschiedenen Büchern leicht gefunden werden. Wir gestehen, es fehlt uns durchaus das Verständniss wie ein Kenner des Aristoteles sich einer Ansicht verschliessen kann, der eingeräumt wird, dass sie sich schon „auf den ersten Blick als ächt aristotelisch empfiehlt," und die eben darauf beruht, dass, wie gleichfalls eingeräumt wird, „die aristotelische Politik ohne Kenntniss der Bedeutung, welche die vier Ursachen in der Philosophie des Aristoteles haben, nicht verstanden werden kann." Wenn der berühmte Urheber der Lehre von den vier Ursachen wiederholt die Kenntniss derselben als die Bedingung aller Erkenntniss aufstellt, und nun, um zur Erkenntniss des Staats zu gelangen und sie andern mitzutheilen, diese vier Ursachen in allen Beziehungen des Staats aufsucht, heisst das die Politik in eine „Schablone" einzwängen? Oder liegt vielmehr der Grund der Bewunderung „des freien manchmal zu freien Gangs seiner Untersuchungen" doch vielleicht darin, dass der Gang dieser Untersuchungen doch noch nicht ganz verstanden war? Was Herr Hildenbrand gegen unsere Ansicht bemerkt — so will uns bedünken — möchte wohl hauptsächlich dem Aristoteles selbst den Vorwurf machen, dass er nicht genug nach der von Herrn Hildenbrand ihm zugemutheten „Schablone" gearbeitet hätte. — Die Sprache des Aristoteles und die einzelnen Sätze sind meistens leicht verständlich; allein die Aristotelischen Begriffe sind oft schwer zu bestimmen, und noch schwerer ist es, diesem grossen Mann in die geistige Werkstatt hineinzublicken und der Bewegung seines Gedankens ohne Abirren zu folgen. Jeden Falls ist die von „dem manchmal zu freien Gang seiner Untersuchungen" entnommene Beruhigung gefährlich. Im Uebrigen sei dem Verfasser jenes ausgezeichneten Buchs für die ernste Besprechung unserer Ansicht unser Dank gesagt.

Wenn Aristoteles gleich im 7ten Capitel des 3ten Buchs sagt: καλεῖν δ᾽ εἰώθαμεν τῶν μὲν μοναρχιῶν τὴν πρὸς τὸ κοινὸν ἀποβλέπουσαν συμφέρον βασιλείαν, τὴν δὲ τῶν ὀλίγων μὲν πλειόνων δ᾽ ἑνὸς ἀριστοκρατίαν κ. τ. λ. so meint er mit jenem εἰώθαμεν nichts anderes, als in unserer Stelle mit διοριζόμεθα, obgleich er später (4, 2) ausdrücklich hervorhebt, dass die Begründung der Rangordnung, in welche er die sechs Verfassungen stellt, von ihm selbst herrühre. Ἀνάγκη — τὴν μὲν τῆς πρώτης καὶ θειοτάτης παρέκβασιν εἶναι χειρίστην· τὴν δὲ βασιλείαν ἀναγκαῖον ἢ τοὔνομα μόνον ἔχειν οὐκ οὖσαν, ἢ διὰ πολλὴν ὑπεροχὴν εἶναι τὴν τοῦ βασιλεύοντος, ὥστε τὴν τυραννίδα χειρίστην οὖσαν πλεῖστον ἀπέχειν πολιτείας, δεύτερον δὲ τὴν ὀλιγαρχίαν (ἡ γὰρ ἀριστοκρατία διέστηκεν ἀπὸ ταύτης πολὺ τῆς πολιτείας), μετριωτάτην δὲ τὴν δημοκρατίαν. ἤδη μὲν οὖν τις ἀπεφήνατο καὶ τῶν προτέρων οὕτως (nämlich Plato im Politicus p. 299 ff.) οὐ μὴν εἰς ταὐτὸ βλέψας ἡμῖν. κ. τ. λ.

IV. Politik 7, 1.
Das beste Leben und die Güter.

Die vierte Stelle, worin die ἐξωτερικοὶ λόγοι erwähnt werden, findet sich in dem Anfang des wichtigsten Theils der Politik des Aristoteles, den derselbe im 7. und 8. Buch abhandelt. Den wichtigsten Theil nennen wir ihn deshalb, weil er das Ziel betrifft, wohin die ganze Ethik und die vorhergehenden Lehren und Betrachtungen über die staatlichen Dinge hinstreben. Wie Aristoteles das Beste von jedem dessen Ziel (τέλος) nennt, in welchem sich alle Elemente und Ursachen seines Werdens vereinigen, so musste er nothwendig diese beiden wunderbar schönen Schriften mit dem Ziel aller Ethik und Politik abschliessen, mit der Schilderung des besten Staats und den Mitteln ihn herzustellen. Die vier ersten Capitel des siebenten Buchs enthalten den tiefen Gedanken, welcher von der Ethik in die Lehre vom besten Staat hinüberführt. — Wir werden hier ein wenig ausführlicher reden, denn wir stehen den bedeutendsten, zum Theil uns befreundeten Gelehrten gegenüber, vor denen wir gewiss alle Hochachtung hegen, und denen gegenüber wir gleichwohl um der Wahrheit willen offen es sagen müssen: sie haben das ethisch-politische Werk des Aristoteles in seinen tiefsten Beziehungen nicht vollständig gewürdigt. Wer dies gethan, der, glauben wir, kann unmöglich meinen, die Politik des Aristoteles dadurch zu verbessern, dass er mit Barthelemy St. Hilaire, Spengel, Bekker, Brandis, Zeller, Hildenbrand, Bernays die Lehre vom besten Staat, von dem Ziel aller Ethik, welches zugleich das Ziel aller Menschen sein soll, in die Mitte der Schrift nach dem dritten Buch einschiebt. So wenig das 8te und 9te Buch der Ethik als eine besondere Schrift über die Freundschaft aufgefasst werden darf (wie Herr Bernays thut S. 52, dem überdies die vorgeblichen „vielen Seltsamkeiten" des zwölften Capitels des achten Buchs der Ethik den Abschnitt über die Freundschaft zu einem „ungelösten Räthsel (!) innerhalb der politischen Lehre des Aristoteles" machen) oder so wenig das 7. Buch der Ethik als nicht nothwendig zur Ethik gehörig betrachtet werden darf, so wenig darf die Ordnung der Bücher der Politik geändert werden.

Aristoteles hatte in der Ethik gelehrt, die Glückseligkeit des Menschen bestehe in der Thätigkeit des Geistes in Uebereinstimmung mit der höchsten Tugend in einem vollständigen Leben; die Tugend sei nur dann wahre Tugend, wenn sie zugleich auf Wollen und Denken beruhe, wenn dasselbe der Verstand befiehlt und die Begierde erstrebt, wenn die ethische Tugend des Muths, der Mässigung und der Gerechtigkeit so handeln will und wirklich so handelt, wie die dianoëtische Tugend der Weisheit vorschreibt. Dass der Mensch dieser Tugend fähig ist, verdankt er zuerst seiner Natur, die ihm die Gottheit verliehen, dann der Gewöhnung, d. i. der Erziehung zur Sittlichkeit, und endlich der Lehre, dem Unterricht, der Ausbildung seines Verstandes und Wissens. Diese drei (φύσις, ἦθος, λόγος) muss er in vollkommener Harmonie zusammen stimmen lassen. — Wo das ἦθος bloss der φύσις folgt, und der λόγος keinen Theil am Handeln hat, ist im Guten keine Tugend, im Schlechten aber Lasterhaftigkeit, welche sich der Thierheit nähert (Nik. Ethik Buch 7).

Die Tugend, welche nicht in einer latenten Fähigkeit, sondern in einer auf fest gewordener Eigenschaft beruhenden Thätigkeit besteht, kann nur in dem thätigen (praktischen) Leben geübt werden, zu dem der Mensch nur in Gesellschaft mit andern Menschen gelangen kann. Ohne Beziehung zu andern Menschen würde von ethischen Tugenden keine Rede sein. Der Mensch aber ist von Natur ein Gesellschaftswesen, ein staatliches Wesen; er muss im Verein, in Gemeinschaft mit andern leben, wenn er sein Ziel erreichen soll. Das Band dieser Gemeinschaft bezeichnet Aristoteles durch die „Freundschaft" im weitesten Sinne. Die Freundschaft ist es, welche durch das Angenehme, durch das Nützliche, im Höchsten durch das an sich Gute die Menschen verbindet und die staatliche Gesellschaft zusammen hält. Es kann daher, wie keine Glückseligkeit ohne Tugend, so keine Tugend ohne Freundschaft und ohne den auf Freundschaft beruhenden Staat bestehen.

Freilich bedarf der einzelne Mensch wie der Staat sowol der äusseren Güter, als der Güter des Körpers und der Güter des Geistes, um sein Ziel zu erreichen, aber unter diesen dreien nehmen unbedingt die letzteren den höchsten Rang ein. Wie die Glückseligkeit auf Tugend beruht, und der Mensch nur im Staat und in seiner Eigenschaft als staatliches Wesen jenes sein Ziel erreichen kann, so beruht die Glückseligkeit der Gesammtheit, und jedes Vereins und jeder Gemeinschaft, sowol der staatlichen als jeder kleineren auf denselben Bedingungen. Im Menschen wird die Vielheit des Begehrens und des Wollens (der ethischen Tugenden) durch die Vernunft (die dianoëtische Tugend) zur Einheit verbunden. Eben so ist es in jedem kleineren und grösseren Verein, der irgend ein Ziel hat, welches worin immer dasselbe bestehen mag, nur durch die Thätigkeit des Geistes erreicht werden kann. Auch in jedem Verein muss daher neben den handelnden Elementen der ethischen Tugenden (neben dem τοῦ λόγου ἀκουστικόν) ein befehlendes Element der dianoëtischen Tugend (ein λογιστικόν, βουλευόμενον) sich finden. Jenes ist, wie in der Seele des Einzelnen, so in jedem Verein und vor allem im Staat das ἀρχόμενον, dieses das ἄρχον. In dem Verein von Mann und Frau, von Vater und Kindern muss daher in allen Beziehungen, wo der Mann und Vater als Herr und Gebieter des Hauses aufzutreten hat, die Frau, der Sohn auf die φρόνησις verzichten, weil der Mann und Vater im Besitz der dianoëtischen Tugend ist, für die ethische Tugend der Frau und des Sohnes. Jener befiehlt (ἐπιτάττει) als ἄρχων, während diese ausführen als ἀρχόμενοι. Im Heer vertritt der Feldherr die φρόνησις zur ἀνδρία der Krieger, und so durch alle Vereine hindurch, denen die Sprache daher auch ein „Haupt" einen „Chef", einen „Capitain" zu geben pflegt, benannt nach dem Sitz der φρόνησις, im Gegensatz zu dem „Corpus", dem „Corps", der „Corporation".

Wie nun in jedem solchen Verein, so muss vor allem in dem grössten Verein, der alle andern in sich befasst, im Staat, der ἄρχων in allem, worin er ἄρχων ist, im Besitz der befehlenden φρόνησις sein zu den ethischen Handlungen der Regierten, ἀρχόμενοι, welche ihrer Seits in Beziehung auf alle Staatshandlungen, in denen sie nur ἀρχόμενοι sind, auf die befehlende φρόνησις und folglich auf die Uebung der vollen Tugend verzichten, deren in jedem einzelnen Fall, nur das ἄρχον oder βουλευόμενον des Staats fähig und theilhaft ist. Das ἄρχον verfügt über die Tapferkeit des Kriegers, über die Gerechtigkeit des Richters: beide Tugenden bleiben latent, sind nicht ἐνεργείᾳ, sondern nur δυνάμει vorhanden, wenn nicht das ἄρχον und βουλευόμενον des Staats beräth und verfügt, wie und wo der ἀρχόμενος jene ethischen Tugenden üben soll; während dieser natürlich in allen Fällen, wo er nicht ein ἀρχόμενος ist, selber im Besitz der φρόνησις zu seinem ἦθος bleibt. Es erstreckt sich also die Sphäre, worin der ἄρχων Tugend üben kann, viel weiter, als die, worin der ἀρχόμενος, welcher in seiner ἐνεργείᾳ ψυχῆς κατ᾽ ἀρετήν und also auch in seiner Glückseligkeit viel beschränkter bleibt. Nur als ἄρχων im Staat kann er die einige Tugend des ἦθος und der διάνοια auf ihrer höchsten Stufe üben.

Es ergiebt sich also, dass der beste Staat derjenige sein muss, in welchem alle oder möglichst viele die vollständige Tugend üben und dadurch die vollständige Glückseligkeit erlangen können. Und da nicht alle gleichzeitig ἄρχοντες sein können, so müssen sie es im Wechsel sein.

Es ist nun eben im siebenten Buch, wo Aristoteles die Untersuchung über den besten Staat anfängt. Er meint den absolut besten Staat. Denn über den bedingt besten, den allgemein besten, den relativ besten hat er, wie wir gesehen, schon im vierten Buch geredet, und darauf bezieht sich, was er Buch 7, 4. im Anf. sagt: περὶ τὰς ἄλλας πολιτείας ἡμῖν τεθεώρεται πρότερον. Zuerst nun fragt er, welches Leben das wünschenswertheste sei, und ob dieses dasselbe sei für den Einzelnen und die Gesammtheit oder nicht? Er antwortet: „indem wir der Meinung sind, dass auch von dem, was in gewöhnlicher Unterhaltung vorkommt (καὶ τῶν ἐν τοῖς ἐξωτερικοῖς λόγοις), vieles hinreichend über das beste Leben gesagt wird, haben wir davon Gebrauch zu machen. Denn wahrlich in Beziehung auf Eine Unterscheidung ist niemand in Zweifel, dass nämlich die drei Arten der Güter, die äusseren, die des Körpers und die der Seele sämmtlich den Glückseligen zukommen müssen. Wer von den Gütern der Seele gar nichts, auch nicht einmal in einem geringeren Grade besitzt, wer sich vor einer vorbeisummenden Fliege fürchtet, aus Begierde nach Speise und Trank nach jedem greift, um eines Hellers willen seinen besten Freund verdirbt, und nicht mehr Verstand hat, als ein Kind oder ein Wahnsinniger, den freilich hält niemand für glückselig. Allein die Menschen (wenn sie auch die Güter der Seele für die Glückseligen fordern) halten oft ein sehr geringes Maass von Muth, Mässigung, Gerechtigkeit und Weisheit für hinreichend, dagegen streben sie die äusseren Güter bis in's Unendliche zu vermehren. Wir aber sagen ihnen, sie können sich darüber leicht durch die Erfahrung eines Besseren belehren, da sie sehen, dass sie nicht die Tugenden durch die äusseren Güter erlangen und bewahren, sondern diese durch jene; und dass die

Glückseligkeit im Leben, mag sie nun in der Freude oder in der Tugend oder in beiden bestehen, vielmehr denen zu Theil wird, welche durch Sittlichkeit und Weisheit bis zum Ueberschwänglichen ausgezeichnet sind, und an äussern Gütern ein geringes Maass besitzen, als denen, welche von letzteren mehr haben, als nutzbar ist, von den ersteren aber weniger. Aber (ausser der Erfahrung) lehrt die begriffsmässige Betrachtung dasselbe. Denn die äusseren Güter haben, wie jedes Werkzeug, ihre Grenze, worüber hinaus sie nothwendig schaden, oder wenigstens nichts nützen. Die Güter der Seele aber, je überschwänglicher sie sind, desto nützlicher sind sie, wenn von diesen gesagt werden darf, nicht nur dass sie edel, sondern auch dass sie nützlich sind. Und wenn die Seele sowol überhaupt als auch jedem Einzelnen höher zu schätzen ist als der Körper und die äusseren Güter, so steht auch der beste Zustand eines jeden der drei in demselben Verhältniss".

„Dass nun einem jeden in dem Maasse Glückseligkeit zukommt, in welchem Tugend und Weisheit und diesen entsprechendes Handeln, das sei uns ausgemacht, indem wir Gott zum Zeugen nehmen, der glückselig und selig ist nicht durch irgend welche äussern Güter, sondern durch sich selbst und sein eigenes Wesen. — Es folgt auch mit Nothwendigkeit, dass das Glück ein anderes ist, als die Glückseligkeit, denn die äusseren Güter sind abhängig von dem Zufall und dem Glück, gerecht aber oder mässig ist niemand durch Zufall oder Glück. — Wie nun das Leben der Tugendhaften das glückselige Leben ist, so sind aus demselben Grunde der beste Staat und der glückselige identisch. Denn es ist unmöglich, dass der Staat im guten Zustande sei, wenn er nicht gut handelt. Keine Handlung weder des einzelnen Mannes noch des Staats kann gut sein ohne Tugend des Handelns und Denkens. Die Tapferkeit, die Mässigung, die Gerechtigkeit und die Weisheit des Staats haben dieselbe Bedeutung und in der Ausübung dieselbe Form, deren theilhaft der Einzelne tapfer, mässig, gerecht und weise genannt wird. So viel sei über die Frage, welches das beste Leben, „bevorwortet". Alle zur Sache gehörigen Betrachtungen anzustellen, ist Aufgabe einer andern Untersuchung. Für jetzt stehe fest, dass das beste Leben sowol für den Einzelnen als gemeinschaftlich dem Staat dasjenige sei, welches in Verbindung mit der Tugend, soweit mit Mitteln ausgestattet ist, als erforderlich zur Ausübung der Tugend".

Das also ist die Antwort auf die erste Frage: zum besten Leben, welches für den Einzelnen und den Staat auf der Tugend beruht, sind die äusseren Mittel nothwendig, soweit sie eine Bedingung der Ausübung der Tugend sind. — Es fragt sich aber ferner, ob auch die Glückseligkeit des Einzelnen und des Staats dieselbe ist. Abgesehen von denen, welche die Glückseligkeit in die äusseren Güter, in Reichthum setzen, giebt es andere, welche eine einzelne Tugend, die Tapferkeit, welche Macht über Andere verleiht, zur Bedingung der Glückseligkeit machen. Beide stellen dieselbe Bedingung für die Glückseligkeit des Einzelnen und des Staats. Es wäre aber auch möglich, dass die Tugend, worauf die Glückseligkeit des Einzelnen beruht, eine andere sei, als die, worauf die Glückseligkeit des Staats, jene auf der dianoëtischen Tugend der Weisheit, diese auf der praktischen Gesammttugend. Es fragt sich also, ob das glückselige Leben des Einzelnen in dem **praktischen** Leben des Staatsbürgers oder in dem **theoretischen** Leben des Weisen bestehe, und dem analog, ob es **allen** wünschenswerth sei, am Staat sich zu betheiligen, und zwar den meisten, einigen aber nicht. Die Antwort lautet (nicht ohne Rücksicht auf Ethik 10, 7 u. 8): sofern die Glückseligkeit in der Thätigkeit, im Handeln nach der ganzen Tugend besteht, ist nothwendig das **praktische** (d. i. das politische) Leben für jeden Einzelnen und für den Staat das beste. Die Uebung der ethischen Tugenden ist überhaupt nur möglich in dem praktischen Staatsleben, und ist dem Menschen als Menschen naturgemäss ($ἄνθρωπος\ φύσει\ ζῷον\ πολιτικόν$). Die Gottheit allein ist über die ethischen Tugenden erhaben und lebt ein rein geistiges Leben. Der Mensch, der Weise, soweit er eines solchen Lebens fähig ist, geniesst auch, verglichen mit dem praktischen Staatsbürger, einer reineren Glückseligkeit, — allein ganz fähig ist er dessen nicht, weil er eben Mensch und nicht Gott ist ($χρὴ\ δὲ$ — $ἐφ'\ ὅσον\ ἐνδέχεται\ ἀθανατίζειν\ καὶ\ πάντα\ ποιεῖν\ κατὰ\ τὸ\ κράτιστον\ τῶν\ ἐν\ αὐτῷ$. Nik. Eth. 10, 7.). Es ist aber nicht nothwendig, dass jeder „Praktiker" in Beziehung stehe zu Anderen, und dass nur diejenige Geistesthätigkeit „praktisch" sei, welche ein unmittelbares Ergebniss des Handelns bezielt, und nicht auch und vielmehr diejenige, welche **durch den Gedanken** auch selbst für äussere Handlungen die Stellung des obersten Baumeisters einnimmt. Auch Staaten können für sich leben, ohne nach aussen zu handeln und können in ihren Theilen und deren in gegenseitigem Verhältniss stehenden Vereinen thätig sein, wie das auch ähnlich in jedem einzelnen Menschen der Fall ist. In völliger Musse (σχολῇ) lebt der Gott und das Weltall, denen nicht auf Aeusseres gerichtete Handlungen obliegen, sondern nur die ihnen eigenen innerhalb ihres Wesens. Für den einzelnen Menschen und gemeinschaftlich für den Staat und die Menschen ist das beste Leben dasselbe und dieses Leben ist das praktische".

Aus dieser ganzen Entwickelung ergiebt sich zugleich, was Aristoteles anderswo (z. B. 7, 14. 3, 4. 3, 17) bestimmt fordert, dass die Tugend des guten Mannes und des guten Bürgers dieselbe sei. Nur dadurch ist der beste Staat möglich, denn nur der in dem oft erwähnten Sinn wahrhaft gute, tugendhafte Mann hat zugleich die Eigenschaft des ἄρχων und des ἀρχόμενος.

Nachdem er also dargethan, dass das beste Leben für den Einzelnen und den Staat dasselbe sei, und dass dieses für beide beste Leben nicht Reichthum oder Macht oder Anderes, sondern die auf derselben Tugend beruhende Glückseligkeit sei, wiederholt er, dass er dieses als „Vorwort" (7, 4.) seiner nun folgenden Lehre vom besten Staat vorausgeschickt habe, um unter der Voraussetzung, dass die äusseren, jedoch möglichen Mittel nach Wunsch vorhanden seien, zu zeigen, wie der beste Staat werde.

Ueber die wünschenswerthen äusseren Mittel, welche natürlich in einem ähnlichen Verhältniss zu der auf der Erziehung beruhenden geistigen Bildung der Staatsbürger stehen, wie die äusseren Güter zu denen der Seele, spricht er Cap. 5—12. Im dreizehnten Capitel geht er über zu seiner Aufgabe, d. h. zur Bestimmung des τέλος selbst, und zur

Betrachtung der Mittel, welche zu diesem Ziel, dem besten Staat führen, und dieser Aufgabe hat er in dem 7ten und 8ten Buch vollständig genügt. Eine Fortsetzung der Paideia für den Bürger findet sich in der Poëtik und der an dieselbe sich anschliessenden Rhetorik, vor allem aber in der Ethik. Die Einrichtung der Aemter u. s. w. ergiebt sich vollständig aus der ganzen Politik, und bedurfte keiner wiederholten Behandlung.

Dass die Frage, nach dem besten Staat unter den Griechen lange vor Aristoteles eine vielbesprochene war, bedarf wohl keines Beweises, selbst für diejenigen nicht, welche in ihrer Vorstellung die Bevölkerung Griechenlands und namentlich Athens, unter der Aristoteles lebte, bis auf und selbst bis unter die Bildung des grösseren Theils der Bevölkerung unserer Staaten hinabzudrücken geneigt sind. Herr Bernays stellt Berlin und Paris Athen gegenüber und redet von gewöhnlichem Salonspublicum. Allein das gewöhnliche Salonspublicum in Athen waren die Bürger von Athen und Attika, ihre Salons waren die Stoën und die Agora. Unter ihnen befanden sich sehr viele, die durch eine glückliche Choregie der äusseren Mittel, unbehindert durch banause Geschäfte oder durch theures Leben, gehoben durch eine allgemeine wissenschaftliche, künstlerische und politische Bildung ihres Zeitalters, wovon sich das unsrige keine Vorstellung macht, geschweige denn sie erreicht, sich (wie wir aus den Dialogen des Plato selbst, aus den Symposien, aus unzähligen Zeugnissen ersehen), mit ganz anderen und würdigeren Gegenständen in ihren Unterhaltungen beschäftigten, als unser heutiges gebenedeites Salonspublicum, welches höchstens das

„Interessante" des laufenden Tages bespricht, aber blasirt gegen alles Höhere jede Unterhaltung über ernstere Gegenstände von allgemeinerem Charakter vermeidet, aus Furcht sich in der „Gesellschaft" zu „compromittiren." Das Salonspublicum hält es freilich wohl heute in grossen und kleinen Städten für ungebildet, ein ernstes Gespräch über Gott und Welt zu führen, über Religion, über die Seele und dass ihre Güter höher gelten sollten als der Gewinn aus Fabriken und Börsenspiel, über Tugend und tugendhaftes Leben und dass darin das **beste Leben** zu setzen, über den höchsten Zweck des Staats, und wie er zu erreichen, und wie zu bewirken, **dass der brave Mann und der gute Bürger derselbe seien**, und dass die Regierenden nicht von dem „guten Bürger" verlangen, was der „brave Mann" nimmer verantworten könnte. Alles dies und Aehnliches vermeidet das Salonspublicum, nicht weil es Gegenstände der Schulweisheit sind, sondern weil zur Besprechung derselben nicht nur ein gebildetes, sondern auch ein natürliches, unblasirtes, unemancipirtes Publicum gehört, welches nicht geistreich zu sein meint, wenn es aus jedem Ernst einen Scherz macht, nicht witzig, wenn es über den Abwesenden herfällt, nicht um ein Lachen zu erregen selbst den Freund preisgiebt, und nicht seiner Herzensgüte genügt, wenn es im Mitleid mit grossem Unglück durch kleine Spende die Fordederung sämmtlicher Cardinaltugenden und einiger anderer erfüllt zu haben meint.

Wie scharf der Gegensatz von damals und jetzt ist, das zeigt sich deutlich in dem oben angeführten Ausspruch des Philosophen „nicht damit wir wissen, was die Tugend sei, stellen wir diese (ethische) Betrachtung an, sondern damit wir gut werden; sonst wäre sie unnütz." Welcher Philosoph schreibt heute eine Ethik, damit die Menschen gut werden? Es ist uns in der Gegenwart lebenden die Naivität des Daseins abhanden gekommen. Wir stellen uns überall **ausser** der Sache, haben überall die Kritik zur Hand, — und wie gerne wir uns davon frei machten, wir können es nicht — ja wir glauben unsere geistige Freiheit zu verlieren, wenn wir nicht neben dem Gegenstand unserer geistigen Beschäftigung unser geistiges Ich im gesonderten Bewustsein bewahren und meinen nur zu leicht, dann recht im Besitz der Freiheit und Ueberlegenheit des Geistes zu sein, wenn wir das Andere herabbringen. Wir werden nur dann natürlich und wahrhaft froh und frei, wenn wir uns einmal selbst vergessen. Gleichwohl bleibt es wahr; es ist viel leichter, ausser der Sache zu bleiben, als darin zu sein. Das aber ist nicht der letzte Reiz des Griechischen Alterthums, die **Wahrhaftigkeit** in dem ganzen Geschlecht. Was sie liebten und was sie hassten, was ihnen Ernst war und was ihnen Spiel, sie waren ganz darin. Und so auch in ihren staatlichen Beziehungen. Die Bevölkerung eines Staats, welche in ihrer Gesammtheit gebildet genug war, dass sie Jahrhunderte hindurch die Aemter jährlich aufs Neue **durchs Loos** vertheilen konnte, sollen wir die eintheilen, wie Herr Bernays etwa die Gebildeten unserer Staaten, in eine Anzahl Philosophen und in ein „Salonspublicum"? Sollen wir annehmen, wer nicht bei den Philosophen in die Schule ging, der habe nicht zu unterscheiden gewusst zwischen den Gütern der Seele, des Körpers und den äusseren Gütern?

Um aber auch im Einzelnen nachzuweisen, dass jene Eintheilung der Güter keinesweges eine „eigentlich oder gar ausschliesslich" peripatetische war, wollen wir uns zuerst auf den Aristoteles selbst berufen. In der Ethik 1, 8 sagt er: „nicht nur aus der Schlussfolgerung und aus dem Begriff, sondern auch aus dem, was darüber gesprochen wird, ist die Betrachtung über die Glückseligkeit abzuleiten.*) Denn mit der Wahrheit stimmt alles Wirkliche überein, dem Unwahren widerspricht alsbald die Wahrheit. Indem nun die Güter dreifach eingetheilt werden, und einige äussere genannt werden, andere dem Körper, andere der Seele gehörig, nennen wir die der Seele die höchsten und vorzüglichsten. Die Handlungen und Seelenthätigkeiten legen wir der Seele bei, so dass also richtig gesprochen ist nach dieser Ansicht, welche alt ist und von den Philosophen gebilligt."**)

In der Ethik 7, 14 heisst es, nachdem bemerkt worden, dass alle das glückselige Leben für angenehm halten, — „daher bedarf der Glückselige der Güter des Körpers und der äusseren Güter, damit (die Thätigkeit der Seele und die vollkommene Glückseligkeit) unbehindert sei."

---

*) σκεπτέον περὶ αὐτῆς οὐ μόνον ἐκ τοῦ συμπεράσματος καὶ ἐξ ὧν ὁ λόγος, ἀλλὰ καὶ ἐκ τῶν λεγομένων περὶ αὐτῆς· — νενεμημένων δὴ τῶν ἀγαθῶν τριχῇ, καὶ τῶν μὲν ἐκτὸς λεγομένων, τῶν δὲ περὶ ψυχὴν καὶ σῶμα. Man bemerke, dass die Vergleichung der Stelle der Politik über dieselbe Eintheilung darauf führt, das obige ἀλλὰ καὶ ἐκ τῶν λεγομένων περὶ αὐτῆς gradezu zu ergänzen durch ἐν τοῖς ἐξωτερικοῖς λόγοις.

**) ὥστε καλῶς ἂν λέγοιτο κατά γε ταύτην τὴν δόξαν παλαιὰν οὖσαν καὶ ὁμολογουμένην ὑπὸ τῶν φιλοσοφούντων.

Endlich fordert, ganz in Uebereinstimmung mit unserer Stelle in der Politik, die Ethik 10, 9 auch für die Glückseligkeit des Weisen (der ein theoretisches Leben lebt), sowohl die Güter des Körpers als auch äussere Güter, da es nicht möglich sei, ohne diese glückselig zu sein, wenn auch ein geringes Maass genüge, wie auch Solon ein bescheidenes Maass der äussern Güter für die Glückseligen verlangt habe.*)

Jene alte Eintheilung der Güter, die also schon Solon anerkannt hatte, war auch von andern Philosophen gebilligt. Wahrscheinlich hätte Aristoteles deren mehrere nennen können. Ohne Zweifel dachte er aber auch an Platon. In den Gesetzen 3. p. 697 b. zählt dieser dieselben drei Gattungen der Güter auf, womit die achte Epistel p. 355 b. übereinstimmt; und in der Apologie p. 30 a. b. spricht Sokrates zu den Athenern: „auf nichts anderes bin ich bedacht bei meinem Umhergehen, als die Jüngeren und die Aelteren unter Euch zu überreden, weder für den Körper noch für Vermögen ($\chi\rho\eta\mu\acute{a}\tau\omega\nu$) früher noch so sehr Sorge zu tragen, als für die Seele, dass sie möglichst gut werde, indem ich lehre, dass nicht aus Vermögen Tugend entstehe, sondern aus Tugend Vermögen und die übrigen Güter insgesammt den Menschen zu Theil werden,

---
*) Eth. 10, 9. δεήσει δὲ καὶ τῆς ἐκτὸς εὐημερίας ἀνθρώπῳ ὄντι. οὐ γὰρ αὐτάρκης ἡ φύσις πρὸς τὸ θεωρεῖν, ἀλλὰ δεῖ καὶ τὸ σῶμα ὑγιαίνειν καὶ τροφὴν καὶ τὴν λοιπὴν θεραπείαν ὑπάρχειν. — Καὶ Σόλων δὲ τοὺς εὐδαίμονας ἴσως ἀπεφαίνετο καλῶς εἰπὼν μετρίως τοῖς ἐκτὸς κεχορηγημένους πεπραγότας δὲ τὰ κάλλισθ', ὡς ᾤοντο (sic. l.), καὶ βεβιωκότας σωφρόνως. (Zu ᾤοντο vergl. Pol. 1, 1. τοῦ εἶναι δοκοῦντος ἀγαθοῦ χάριν πάντα πράττουσι πάντες).

sowol eigene als staatliche." Man sieht, wie nahe sich Aristoteles in unserer Stelle an diese Worte des Sokrates anschliesst.

Dass, wie es scheint, Aristoteles, dem die Ausdrücke χρήματα, οὐσία, πλοῦτος für alle Güter ausser denen des Körpers und der Seele nicht genügten, vielleicht zuerst den Ausdruck τὰ ἐκτός gebrauchte, ändert natürlich an dem Alter der Eintheilung nichts. Er bezeichnet die äusseren Güter, deren der Glückselige in geringem Maasse bedürfe, in der Ethik 10, 9, durch τὴν τροφὴν καὶ τὴν ἄλλην θεραπείαν, öfter durch die „Choregie," μετρίως τοῖς ἐκτὸς κεχορηγημένους. Die Eintheilung der Güter selbst findet der Verfasser der Schrift de vita et poësi Homeri (Plut. ed. Hutten Vol. XIV. § 141) schon in der Ilias. Es wird nun wohl nicht nöthig sein, auf die künstliche Ausführung des Herrn Bernays näher einzugehen, der mit ausserordentlicher Beredsamkeit sich bemüht zu rechtfertigen, was nicht ist, nämlich „die graciöse Demuth(!), mit der Aristoteles hier um Erlaubniss(!) ersucht, doch wenigstens(!) eine Eintheilung anbringen(!) zu dürfen." — Wir gehen zum Folgenden.

V. Eudem. Ethik 9, 1. Die Güter.

Diese Stelle findet durch das über Polit. 7, 1 Gesagte ihre vollständige Erledigung.

VI. Physik 4, 10. Die Zeit.

Im vierten Buch der Physik handelt Aristoteles vom Raum, von dem Leeren und von der Zeit und der Bewegung. Nach seiner bekannten Methode geht er aus von dem uns Bekannten zu dem Unbekannteren. In der Untersuchung über den Raum beruft er sich im 1sten Capitel drei Mal darauf, dass alle annehmen, alles sei im Raum und der Raum sei etwas, ein Seiendes; es frage sich aber, was er sei. Ebenso verfährt er rücksichtlich des leeren Raums. Es frage sich, ob er ist oder nicht, und wenn er ist, wie und was er ist. Bei der ersten Frage sei zu berücksichtigen (cap. 6) was die Menschen (οἱ ἄνθρωποι) unter dem Leeren verstehen. Anaxagoras sei darüber im Irrthum, indem er beweise, dass die Luft etwas sei. Die Menschen aber verständen unter dem Leeren einen Raum, in welchem gar kein erkennbarer Körper sei. Im Anfang des 7. Cap. fügt er noch hinzu, man müsse zur Entscheidung über die Frage, ob der leere Raum sei oder nicht, wissen, was das Wort (das Leere) bedeute. Es werde aber angenommen (δοκεῖ) das Leere sei ein Raum, worin nichts ist.

Es ist nun schon an sich wahrscheinlich, dass Aristoteles eben so von einer allgemeinen Ansicht ausgehen werde bei der Untersuchung über die Zeit. Und so thut er auch. Zuerst sei es zweckmässig, die Schwierigkeiten auch vermittelst der ausserphilosophischen Ansichten durchzugehen, ob die Zeit zu den Seienden oder zu den Nicht-Seienden gehöre; dann zu untersuchen, was sie sei. (πρῶτον καλῶς ἔχει διαπορῆσαι περὶ αὐτοῦ καὶ διὰ τῶν ἐξωτερικῶν λόγων πότερον τῶν ὄντων ἐστὶν ἢ τῶν μὴ ὄντων, εἶτα τίς ἡ φύσις αὐτοῦ). Die nicht-philosophische Ansicht sagte: die Zeit ist entweder gewesen oder sie ist noch nicht; das jetzt, ist nur die Grenze zwischen Vergangenheit und Zukunft, aus denen die Zeit besteht, da aber die Vergangenheit eben so wenig ist als die Zukunft, und diese beide Nicht-Seiendes sind, so ist es unmöglich, dass die Zeit ein Seiendes sei. Auch ist das Jetzt, welches Nichts ist, weder stets ein anderes Seiendes, noch ist es ein Dauerndes. Auch in diesen Ansichten ist doch wohl nichts so Ausserordentliches, dass sie nicht auch ausser der Schule Gegenstand des Gesprächs gewesen wären. Indessen ist das Meiste auch in der ersten Hälfte dieses Capitels das διαπορῆσαι des Aristoteles selbst. Die Aporie selbst besteht darin, dass die Zeit zugleich ein Seiendes und ein Nicht-Seiendes zu sein scheint. Die exoterischen Ansichten leugneten das Sein der Zeit, da sie stets entweder gewesen ist oder noch nicht ist, das Jetzt aber nie bleibend ist. Vermittelst dieser exoterischen Ansicht und gleichsam **durch sie hindurch** löst Aristoteles vorläufig die Aporie in dem Sinn, dass die Zeit entweder überhaupt nicht zu den Seienden gehöre, oder kaum und undeutlich. Dann geht er über zu der Frage, was sie ist, und kommt schliesslich zu dem Resultat: sie ist das Maass der Bewegung.

VII. Metaphysik 13, 1. Die Ideen.

In Beziehung auf diese Stelle (deren Echtheit ja übrigens auch bezweifelt wird), welche die Lehre von den Ideen betrifft, und welche dem Verfasser der Eudemischen Ethik (1, 8) vorgeschwebt hat, möchte es wohl rathsam sein, zuerst einmal die Ausdrucksweise des Aristoteles näher anzusehen: ἔπειτα μετὰ ταῦτα χωρὶς περὶ τῶν ἰδεῶν αὐτῶν ἁπλῶς καὶ ὅσον νόμου χάριν· τεθρύληται γὰρ τὰ πολλὰ καὶ ὑπὸ τῶν ἐξωτερικῶν λόγων.

Das Wort ἁπλῶς erklärt Bernays wohl mit Recht durch „im Allgemeinen" nach Polit. 8, 7 wo dasselbe dem σαφέστερον entgegengesetzt wird. Eine Bestätigung dieser Erklärung giebt das συντόμως in der Eudem. Eth. 1, 8 und besonders der Schluss des 5. Cap. im 13. Buch der Metaphysik ἀλλὰ περὶ μὲν τῶν ἰδεῶν καὶ τοῦτον τὸν τρόπον καὶ διὰ λογικωτέρων καὶ ἀκριβεστέρων λόγων ἐστι πολλὰ συναγαγεῖν ὅμοια τοῖς τεθεωρημένοις.

Der Ausdruck νόμου χάριν dagegen möchte sich wohl nicht so ohne Weiteres durch „dicis causa" wiedergeben lassen. Der Mensch thut oft etwas, nicht aus freiem Willen, sondern weil er muss „des Gesetzes wegen." Eine Berufung auf das Gesetz bei einer Handlung hat leicht die Bedeutung, dass die Handlung **ungern** geschieht, da bei einer gerne vollbrachten gesetzlichen Handlung die Berufung auf das Gesetz den Werth der Handlung herabsetzt. Aber angewandt auf eine Handlung, die gar nicht von einem Gesetz gefordert wird, enthält der Ausdruck „des Gesetzes wegen" eine absichtliche Uebertreibung, oder einen absichtlich angeführten **falschen Grund** zu dem in Wahrheit **ungern Gethanen**. Einem solchen absichtlich und mit Bewustsein angeführten falschen Grund mischt sich dann leicht eine Ironie bei. So sagt der schlaue Koch in des Diphilos Zographos bei Athenäus 7 p. 292., er bediene keinesweges jeden, der ein Gastmahl geben wolle, sondern prüfe erst, wer er sei, woher er sein Mahl bestreite, und welche Gäste er einlade; er habe eine Charakteristik aller Gattungen von Gastgebern, denen er sich vermiethen oder vor denen er sich hüten solle: „zum Beispiel die Gattung der Schiffspatrone; da ist Einer, der giebt einen Opferschmaus, nachdem er grosse Havarie erlitten; den lass ich laufen; ein solcher thut nichts gerne, sondern nur wie des Gesetzes wegen: οὐδὲν ἡδέως ποιεῖ γὰρ οὗτος, ἀλλ' ὅσον νόμου χάριν". — In einem ähnlichen, entschieden

ironischen Sinn scheint der Epigrammatiker Lukillios (Brunck Analekt. 2. p. 335) den Ausdruck νόμου χάριν (ohne ὅσον) zu gebrauchen:
πλὴν κἀμοῦ μνήσθητι νόμου χάριν ἢ μέγα κράξω·
ἄλλα λέγει Μενέκλης, ἄλλα τὸ χοιρίδιον.
Vergl. Antholog. Lukianos Epigr. XIV. und Lukillios Epigr. XXV.

Nach diesen Beispielen scheint in unserer Stelle Aristoteles sagen zu wollen: ich werde über die Ideen **ungerne** sprechen, es soll daher kurz geschehen und wie um dem Gesetze zu genügen. Denn **breitgetreten** ist das Meiste über diesen Gegenstand selbst von (!) den Gesprächen ausser der Schule". — Dies nämlich ist die Bedeutung von τεθρύληται: „breitgetreten", nicht aber „durchgesprochen". Ursprünglich bezeichnet sowol θρῦλος als θρυλῶ ein undeutliches Gemurmel, verwandt mit dem Onomatopoietikon τρύω, und drückt sowol das Unartikulirte, Unbestimmte, als die Wiederholung aus. In der Batrachomyomachie 134 heisst es: πόθεν ἡ στάσις ἢ τίς ὁ θρῦλος; Hesychius erklärt es durch ψιθυρισμός, und Suidas durch ὁμιλία μὴ φανερῶς γινομένη. Aristoph. Ritter 348 τὴν νύκτα θρυλῶν καὶ λαλῶν ἐν ταῖς ὁδοῖς σεαυτῷ. Wegen der mit solchem Gemurmel verbundenen Unklarheit wird das Verbum auf mythische, fabelhafte Erzählungen angewandt; wegen der mit dem Gemurmel verbundenen Wiederholung tritt dagegen dieser letztere Begriff öfter besonders hervor. Isokrates Panathenaikos § 237 καὶ τὰ μυθώδη περὶ αὐτῆς (τῆς πόλεως) ἐρεῖς, ἃ πάντες θρυλοῦσιν. Plut. Solon 4 in Beziehung auf den angeblich von einem Weisen zum andern gesandten Dreifuss: ταῦτα ὑπὸ πλειόνων τεθρύληται. In wegwerfendem Ton sagt Demosthenes vom Midias

(§ 160) Ἀλλὰ νὴ Δία, τριήρη ἐπέδωκεν· ταύτην γὰρ οἶδ᾽ ὅτι θρυλήσει. Es ist aber einleuchtend, dass nicht leicht jemand von sich selbst und seinen eigenen Schriften oder Reden dieses Wort gebrauchen wird. Nur einmal scheint es so vorzukommen, und zwar beim Demosthenes. In der Rede über die trügerische Gesandtschaft § 156 spricht er über und gegen seine Mitgesandten wie folgt: „Während Philipp im Frieden und wider die Verträge sich alles aneignete und ordnete, sprach ich viel und **wiederholte es unablässig** (πολλὰ λέγοντος ἐμοῦ καὶ θρυλοῦντος ἀεί) anfangs um meine Meinung auszusprechen, dann um jene Unkundigen zu belehren, schliesslich diesen bestochenen und verruchten Menschen gegenüber unablässig drängend". Es ist klar, dass Demosthenes hier von sich selber ein minder edles Wort gebrauchte, um seine unwillige Verzweiflung auszudrücken, die ihn dazu trieb, **unablässig zu wiederholen**, welche Gefahren die Zögerung der Gesandtschaft über Athen brachte. Wer wird aber glauben, dass Aristoteles dieses Wort auf seine eigenen Schriften hätte anwenden wollen? Und hätte er es gewollt, dann hätte er wahrlich es nicht in Beziehung auf „exoterische Schriften", auf seine „Dialoge" gebrauchen dürfen, sondern grade in Beziehung auf die wissenschaftlichen Schriften, die uns erhalten sind, denn in diesen, in den logischen, in den ethischen, in den physischen und vor allem in der Metaphysik bekämpft er ja eben unablässig die Ideenlehre; und Proklos in der von Bernays S. 152 citirten Stelle hätte füglich das τεθρύληται τὰ πολλὰ auf den Aristoteles anwenden können; Aristoteles aber nimmermehr auf sich selbst. Vielmehr ist nach Allem wohl klar, dass Aristoteles die von ihm bekämpfte Ideenlehre, die ohne Zweifel in den gebildeten Kreisen Athens viel besprochen wurde, und schwerlich hier die Euthyne bestand, auch durch dieses τεθρύληται ὑπὸ τῶν ἐξωτ. λόγων in einer Weise gegen namenlose Nachtreter verwerfen wollte, die er gegen den Plato und zu dessen Lebzeiten nicht würde angemessen gefunden haben.

VIII. Eudem. Eth. 1, 8. Die Ideen.

Der Verfasser dieser Stelle sagt, wenn er kurz von den Ideen sprechen solle, so behaupte er, es sei die Lehre von dem Sein der Ideen eine **leere**; es sei aber auf **vielfache Weise** sowol in ausserphilosophischen als in philosophischen Untersuchungen von ihnen die Rede. Die Ausdrücke κενῶς, πολλοῖς τρόποις ἐπέσκεπται, neben den ἐξωτερικοῖς λόγοις finden sich in den betreffenden Stellen der Metaphysik 13, 1, 4 und 5. Doch scheint auch das 4te Capitel des 1sten Buchs der Nikom. Ethik auf diese Stelle der Eudemischen wesentlichen Einfluss gehabt zu haben. Im Allgemeinen hat sie keinen weiteren Werth in Beziehung auf die Bedeutung der Exoterika, da der Gegensatz οἱ κατὰ φιλοσοφίαν λόγοι sowohl für exoterische **Schriften** als für exoterische **Gespräche** geltend gemacht werden kann.

Wenn man indessen folgende Stelle der Politik 3, 12. vergleicht: δοκεῖ δὲ πᾶσιν ἴσον τι τὸ δίκαιον, καὶ μέχρι γέ τινος ὁμολογοῦσι τοῖς κατὰ φιλοσοφίαν λόγοις, so wird man wohl um so entschiedener der Ansicht sein, dass die exoterischen Reden in demselben Sinn den λόγοις κατὰ φιλοσοφίαν entgegen gesetzt sind, wie hier jene alle (πᾶσιν δοκεῖ).

IX. Cicero.

Wenn auch die Nachricht, dass die Peripatetiker der ersten Jahrhunderte die Schriften des Aristoteles nicht besessen und daher nicht gekannt hätten, nach den Nachweisungen Stahrs wohl sicher der Wahrheit entbehrt, so ist doch so viel klar, dass schon durch Theophrast die Ethik jene „Kraft und Strenge" verlor, welche der Aristotelischen eigen ist (Vgl. Zeller S. 685). Ja, wir möchten sehr bezweifeln, dass Theophrast jene Kraft und Strenge überhaupt begriffen habe. Sein Bemühen, den Werth der äusseren Güter, im Gegensatz der gemässigten Anerkennung ihrer Nothwendigkeit bei Aristoteles, als eine wesentliche Bedingung der Glückseligkeit besonders hervorzuheben, spricht nicht dafür. Wenn nun die Neigung des Theophrast zum theoretischen Leben die äusseren Güter hob und dagegen die Bedeutung der ethischen (praktischen) Tugenden zu Gunsten der dianoëtischen Tugend des vom politischen Leben Zurückgezogenen abschwächte, so wich in entgegengesetzter Weise Dikäarch von der Lehre des Aristoteles ab, indem er ohne Glauben an die Unsterblichkeit der Seele die Glückseligkeit scheint ausschliesslich in das praktische Leben gesetzt zu haben.

Fast drei Jahrhunderte waren seit dem Tode des Aristoteles vergangen, als die Philosophie des Aristoteles in ihrer allmäligen Verflachung durch die Dilettanten-Rednerei des Cicero in die Römische Literatur eingeführt wurde. Madvigs Ansicht ist gewiss die richtige, dass Cicero seine Bekanntschaft mit der Aristotelischen Philosophie nur aus der abgeleiteten Quelle der Vorträge des Antiochus und anderer Griechischer Philosophen geschöpft. Sagt er doch selber in der zwei Jahre vor seinem Tode verfassten Schrift de finibus b., dass er in die Bibliothek des Lucullus gegangen, um gewisse Aristotelische Schriften, die er also in seiner reichen Bibliothek nicht besass, zu entlehnen, da er grade Musse habe, sie zu lesen, was selten der Fall sei. Und in demselben Jahr gab er ausser jenen fünf Büchern folgende Schriften heraus: den Orator, die Consolatio, den Hortensius, die Akademischen Quästionen, die laudatio Portiae, die Rede pro rege Deiotaro. Im nächsten Jahr folgten diesen die Philippiken I—IV. Die Tuskulanischen Disputationen, de natura Deorum, Cato major, Laelius, de gloria, Topica, de officiis, de virtutibus. Bis zum 22. April hielt er die Philippiken V—XIV. Den 7. Dec. wurde er ermordet.

Woher sollte er nun wohl die Zeit gewonnen haben zu gleichzeitigen gründlicheren Studien in den Schriften des Aristoteles neben denen des Plato, Theophrast und anderer? Selbst jene Angabe, dass er Schriften des Aristoteles in der Bibliothek des Lucullus suchte, gehört offenbar nur zu dem „mos dialogorum," dessen er in dem Brief an den Varro bei Uebersendung der Academ. quaest. gedenkt: puto fore, ut, quum legeris, mirere id nos locutos esse inter nos, quod numquam locuti sumus; sed nosti morem dialogorum."

So darf man wohl mit einem gerechten Zweifel an die Stellen in seinen Schriften gehen, in denen er von „exoterischen Schriften" des Aristoteles und von seiner Nachahmung des Aristoteles in deren Abfassung spricht.

Die der Zeit nach früheste Stelle, die wir zu betrachten haben, findet sich in einem Brief an den

Lentulus (ad fam. 1, 9, § 23) aus dem Jahr der Stadt 700. — Scripsi Aristotelio more, quemadmodum quidem volui, tres libros in disputatione et dialogo de Oratore, quos arbitror Lentulo tuo fore non inutiles. Abhorrent enim a communibus praeceptis atque omnem antiquorum et Aristoteliam et Isocratiam rationem oratoriam complectuntur. Bezieht sich diese Aristotelische Weise auf „in disputatione et dialogo, oder auf das Folgende abhorrent enim a communibus praeceptis atque omnem antiquorum et Aristoteliam et Isocratiam rationem oratoriam complectuntur? Letzteres anzunehmen würde uns die Verbindung von Aristoteles und Isocrates beim Cicero wohl kaum verhindern, und die Einleitungsworte zu dem Dialog des Cicero de Universo könnten dafür sprechen. Sie lauten: Multo sunt nobis et in Academicis conscripta contra Physicos et saepe cum P. Nigidio Carneadeo more et modo disputata. Hier scheint sich der Ausdruck more nicht auf die Form, sondern auf den Inhalt zu beziehen. Oder war der mos Carneadeus dem Platonischen ähnlich? Carneades disputirte wie Socrates.

Dass Cicero unter Aristotelius mos einen **Vortrag ohne wiederholte Unterbrechung durch den Dialog** versteht, im Gegensatz der Platonischen und anderer Dialoge, ergiebt sich aus dem Brief an den Atticus 13, 19. (a. u. 709).

Sunt etiam de Oratore nostri tres (libri) mihi vehementer probati, in eis quoque eae personae sunt, ut mihi tacendum fuerit. Crassus enim loquitur, Antonius, Catulus senex, C. Julius frater Catuli, Cotta, Sulpicius. Puero me hic sermo inducitur, ut nullae esse possent partes meae. Quae autem his temporibus scripsi, Ἀριστοτέλειον morem habent, in quo sermo ita inducitur ceterorum, ut penes ipsum sit principatus. Ita confeci quinque libros περὶ τέλων.

Es scheint, als habe Cicero sich in diesen scheinbar sich widersprechenden Briefen nur ungeschickt ausgedrückt. Der mos Aristotelius besteht ihm darin, dass Einer in ausführlicher Rede ohne dialogische Unterbrechungen einen Vortrag hält. In der Schrift de Oratore redet Crassus bis c. 46 dann bis zum Schluss des 1sten Buchs Antonius. Im zweiten Buch reden Antonius und Cäsar; im dritten wieder Crassus.

Es ist eben so in der Schrift de finibus nur mit dem rücksichtlich der Form gleichgültigen Unterschiede, dass Cicero hier selber einer und der hauptsächlichste Redner ist. Man würde aus diesen beiden Stellen nicht geschlossen haben, dass Cicero auch in den kurzen Einleitungen eine Nachahmung des mos Aristotelius finde, wenn nicht in einer andern Stelle eines Briefes an den Atticus (4, 16) eine Andeutung wäre, dass auch Aristoteles in den Büchern, die er ἐξωτερικούς nenne, sich der Proömien bedient habe. Cicero bemerkt nämlich, er könne in den Büchern de republica den Varro nicht als theilnehmend am Gespräch aufführen, doch werde er auf den Rath des Atticus versuchen, ihn irgendwo zu nennen. Itaque cogitabam, quoniam in singulis libris utor prooemiis, ut Ἀριστοτέλης in iis, quos ἐξωτερικούς vocat, aliquid efficere, ut non sine causa istum appellarem.

Wir wollen diesem gleich eine vierte hieher gehörige Stelle aus Cicero de finibus 5, 5 hinzufügen: de summo autem bono, quia duo genera librorum sunt, unum populariter scriptum quod ἐξωτερικόν appellabant, alterum limatius, quod in commentariis reliquerunt, non semper idem dicere videntur (Aristoteles et Theophrastus). Fassen wir nun den Inhalt aller vier Stellen zusammen, so scheint sich Folgendes als die Meinung des Cicero zu ergeben.

Aristoteles schrieb ausser den von ihm hinterlassenen systematischen Schriften (commentarii) auch s. g. exoterische in populärer Form. Diese hatten Proömien (ad Atticum 4, 16) Nach diesem Vorbilde bediente sich auch Cicero der Proömien vor den einzelnen Büchern seiner philosophischen Schriften. Diese Ciceronischen Proömien sind nicht die einleitenden kurzen Gespräche der redenden Personen, sondern die voraufgehenden einleitenden Betrachtungen des Cicero selber. Ausserdem befolgt er auch noch einen „mos Aristotelius," welcher darin bestand, dass nicht in stetem Wechsel des Gesprächs, wie beim Plato, sondern durch Einen Redenden, der eine bestimmte Philosophie vertrat, die Lehre in ununterbrochenem Zusammenhang vorgetragen wurde, mochte dies nun (wie in der Schrift de Oratore (ad famil. 1, 9, 23) durch einen Anderen, oder wie in der Schrift de finibus (ad Att. 13, 19, 4) in der Hauptsache durch den Verfasser selbst geschehen (ut penes ipsum sit principatus).

Der „mos Aristotelius" beim Cicero hat im Grunde weder mit den „Proömien," noch mit den ἐξωτερικοῖς etwas gemein, und würde auch, wenn die Proömien gänzlich fehlten, dennoch in Schriften des Cicero vorhanden sein. Was aber die Proömien betrifft, so bezeichnet Cicero (ad Att. 4, 16) diese bestimmt als eine Eigenthümlichkeit der „exoterischen Schriften" und die exoterischen Schriften (d. finib. 5, 5.) als „populäre" im Gegensatz der systematischen. **Dass diese Schriften Dialoge gewesen, ist mit keiner Sylbe angedeutet.** Dagegen stimmt die Angabe des po pulären Charakters jener angeblichen Bücher (libri) bei Cicero mit dem überein, was wir oben als den Charakter der ἐξωτερικοὶ λόγοι bei Aristoteles erkannt haben.

Die einzige Frage, welche jene Stellen aus den Schriften Cicero's uns vorlegen, ist diese: was konnte den Cicero veranlassen, die λόγους ἐξωτερικούς für Schriften und zwar für Schriften mit Proömien zu halten? Man wird vielleicht antworten: nichts Geringeres, als dass er sie vor Augen hatte. Allein das wäre eines Theils unter den obwaltenden Umständen erst zu beweisen; ist aber anderen Theils gradezu zu leugnen. Wer erkannt hat, wie wenig der wahre Aristoteles in den angeblich peripatetischen Darlegungen Cicero's in der Schrift de finibus wieder zu finden ist, der muss Madvig vollständig darin beistimmen, dass Cicero seine ganze Weisheit, die er hier entwickelt, aus den Vorträgen und Schriften des Antiochus geschöpft habe. Wir können uns nicht enthalten, aus jenes Gelehrten excurs. VII zu Cic. d. fin. Folgendes zu entlehnen: — illud animadvertendum est, tota illa in libro V. „de finibus" divisionis scriptorum Aristotelis commemoratio quam non apte et quam inutiliter a Cicerone interponatur. Nam quum in toto libro non ex veris fontibus haustam ipsius Aristotelis rationem traditurus sit, sed eam, quam Antiochus ex variis disciplinis conflatam tamquam Peripateticam et Platonicam et scriptis et ore, ipso etiam Cicerone audiente, tradiderat, ex ejus unius libris expositurus (cf. lib. V. § 14, 16, 75,

81.), tamen quod hanc doctrinam pro Aristotelis atque etiam pro Polemonis aut habebat aut saltem accipere cogebatur, quom orbem praecipuarum disciplinarum sententiarumque his libris explere vellet, nec haberet, unde ipsam veterum doctrinam in certam formam redactam sumere posset, initium sermonis et libri ejusmodi quadam Peripateticorum, maxume Aristotelis et Theophrasti laudatione exornavit, qualem quivis sine ulla ejus philosophiae accurata cognitione scribere posset qui aliquid de his viris ex communi literarum Graecarum notitia accepisset &. Vgl. auch ad Attic. 13, 18, § 5.

Wenn nun durchaus nicht wahrscheinlich ist, dass Cicero s. g. exoterische Schriften des Aristoteles vor Augen gehabt, deren er keine einzige zu nennen weiss, so lohnt es sich freilich um so mehr zu fragen, wie kommt denn er oder sein Gewährsmann dazu, nicht: jene „λόγους", „Schriften" (libros) zu nennen, das haben ja auch die Gelehrten fast zweier Jahrtausende gethan, sondern jene angeblichen exoterischen Schriften mit Proömien zu versehen? Die Antwort lautet: Cicero hat die Glocken läuten hören, er weiss nur nicht, wo sie hängen.

Es wurde schon erwähnt und nachgewiesen, dass Aristoteles immer unter exoterische Reden solche versteht, welche minder streng philosophisch sind, weshalb ihnen τὰ κατὰ φιλοσοφίαν oder τὸ ἐπὶ πλεῖον ἐξακριβοῦν oder auch stillschweigend die strenge Wissenschaft entgegengesetzt wird und meistens auch eine solche mehr streng wissenschaftliche Untersuchung folgt. Dadurch nehmen schon von selbst jene populären Mittheilungen aus den exoterischen Reden den Charakter von Einleitungen, Proömien, zu der mehr wissenschaftlichen Untersuchung an.

Nun kommt dazu, dass Aristoteles grade bei der wichtigen Einleitung zu seiner Abhandlung über den besten Staat (Buch 7), wo er gleich im Anfang sich auf die ἐξωτερικοὺς λόγους beruft, diesen einleitenden Theil zweimal als ein Proömion bezeichnet 7, 1 a. E. ταῦτα ἐπὶ τοσοῦτον ἔστω πεφροιμιασμένα und 7, 3 a. E. ἐπεὶ δὲ πεφροιμίασται τὰ νῦν εἰρημένα. Entweder hatte nun Cicero selber oder sein Gewährsmann an dieser Stelle von den exoterischen Reden und zugleich von Proömien gelesen, und machte sich daraus um so eher Proömien der exoterischen Schriften zurecht, als auch sonst beim Aristoteles einleitende, mehr populär gehaltene Betrachtungen als proömische bezeichnet werden, z. B. in der Nikom. Ethik am Ende des ersten Capitels, in der Eudem. Ethik im Anfang des 7ten Capitels des ersten Buchs, in der Metaphysik Buch B. c. 1. — Alle diese proömischen Einleitungen passen nun aber gar nicht zu Cicero's Erklärung; denn sie finden sich, ausdrüklich als solche bezeichnet, grade in den systematischen Schriften, in den „Commentariis". Es scheint die Begriffsconfusion in jener Ciceronischen Angabe eben so vollständig, als nach seiner ganzen Art erklärlich. Er möchte gerne neben allem Andern auch ein rechter Aristoteliker sein. Mit Recht sagt Madvig: perverse autem, si modo Ciceroni usu noti fuerunt et tractati Aristotelis libri ethici, hic, ubi Antiochi formam doctrinae pro Aristotelia propositurus est, illorum librorum mentionem facit et genera distinguit, in quibus omnia aliter explicantur. Itaque pannus hic ornatus adventitii adsusus est, ut quom rem omnem ab Antiocho haberet, de Aristotele tamen aliquid diceret.

X. Tyrannion, Andronikos, Strabo, Plutarch, Eustrat.

Von der bekannten Erzählung von der Bibliothek des Aristoteles und Theophrast wusste Cicero offenbar nichts. Hätte er diese Erzählung gekannt und auf die Schriften des Aristoteles bezogen, wie hätte er sich wohl die Gelegenheit entgehen lassen, von seiner Kenntniss der Originalschriften, die nun erst und fast ihm zuerst eine genaue Kenntniss der Aristotelischen Philosophie möglich gemacht, das Nöthige mit gewohnter Selbstgefälligkeit zu erzählen. Während aber noch Cicero in der abgeschwächten und verdorbenen peripatetischen Lehre des Antiochus gänzlich befangen blieb, gewannen die den Cicero wohl lange überlebenden beiden gelehrten Griechen Tyrannion und Andronikos Rhodios, jener der Lehrer des Strabo und dieser ihm wenigstens bekannt, aus den durch Sulla nach Rom gebrachten Schriften des Aristoteles allmälig eine ganz andere und bessere Einsicht in die Philosophie desselben und Strabo konnte mit Recht sagen, dass die späteren Peripatetiker, nachdem jene Schriften herausgekommen, besser den Aristoteles verstanden und seine Philosophie richtiger gelehrt hätten. Andronikos Rhodios oder wer der Verfasser der Paraphrase der Nikom. Ethik sein mag, wusste nichts von exoterischen Schriften, sondern erklärte die ἐξωτερικά für gelegentliche mündliche Aeusserungen*). Er dachte dabei an Aeusserungen des Aristoteles selbst. Das allein Richtige giebt Eustrat zu Nik. Ethik 6, 4.**)

---

*) Paraphr. ad Eth. Nik. 1, c. 13. — περὶ ψυχῆς τοίνυν οὐ μόνον ἐν συγγράμμασιν, ἀλλὰ καὶ ἀπὸ στόματος πρὸς τοὺς ἐντυγχάνοντας ἀρκούντως εἴπομεν ἔνια.

**) Ἐξωτερικοὺς δ' ὀνομάζει λόγους, οὓς ἔξω τῆς λογικῆς παραδόσεως τὰ πλήθη φασί.

„exoterische Reden nennt er (Aristoteles), was ausserhalb der wissenschaftlichen Lehre die Menge spricht". Dieselbe Ansicht musste aber auch schon Plutarch haben, denn sonst hätte er in der bekannten Stelle adv. Colotem ἐν τοῖς ἐξωτερικοῖς διαλόγοις schreiben müssen, nicht, wie jetzt dort mit Rücksicht auf Metaph. 13, 1. und die dort erwähnten nicht-philosophischen Gespräche ganz richtig gesagt ist: διὰ τῶν ἐξωτερικῶν διαλόγων. Dass jene „Gespräche ausserhalb der Schule" ebenso gut διάλογοι als λόγοι genannt werden konnten, versteht sich von selbst.

Wir schliessen hier die Untersuchung. Alle späteren Nachrichten von exoterischen Schriften des Aristoteles sind nur eine Fortsetzung des erst beinahe drei Jahrhunderte nach Aristoteles auftretenden Irrthums. Wenn es schon an sich einleuchtend ist, dass Gespräche über die Seele, über die Kunst, über die Weise des Regierens, über die menschlichen Güter, über die Zeit und die Ideen in Griechenland und besonders in Athen von der Unterhaltung der Gebildeten nicht ausgeschlossen waren, so hoffen wir durch die Betrachtung der einzelnen Stellen, in denen Aristoteles sich auf solche Gespräche, in vollkommener Uebereinstimmung mit seiner Weise zu philosophiren und zu lehren, bezieht, den Beweis geführt zu haben, dass durchaus kein gültiger Grund vorliegt, jene ἐξωτερικοὺς λόγους von andern Gesprächen zu verstehen, als denen in der Unterhaltung der gebildeten Griechen; und dass somit alles hinfällig ist, was bisher über das frühere Vorhandensein s. g. exoterischer Schriften des Aristoteles gelehrt und behauptet worden.